Les mémentos DALLOZ

Série droit privé

Institutions juridictionnelles

Jean-Jacques Taisne
Professeur à la Faculté de droit de Lille
Directeur de l'Institut d'études judiciaires
Doyen honoraire de la Faculté de droit de Valenciennes
Ancien bâtonnier du barreau de Cambrai

15e édition - 2016

DALLOZ

DALLOZ

31-35 rue Froidevaux, 75685 Paris cedex 14

ISBN 978-2-247-16171-3

Plan détaillé

Seconde partie
Les gens de justice

Quatrième partie
L'œuvre de justice

Introduction

Définition : les institutions juridictionnelles regroupent les organes mis en place par l'État pour trancher, selon certaines règles protectrices des intérêts en présence, les litiges nés de l'application des règles juridiques.

Ces organes sont les juridictions.

Remarques :

1. Les institutions juridictionnelles sont dites aussi institutions judiciaires, mais le terme « judiciaire » est alors pris dans son acception la plus large, englobant dans le système français les juridictions de l'ordre judiciaire *stricto sensu* (tribunaux civils et tribunaux répressifs) et les juridictions de l'ordre administratif.

2. L'organisation de la justice fait apparaître au côté des structures juridictionnelles elles-mêmes des structures administratives, chargées de gérer le service public de la justice, administration de l'État.

Ainsi, en France, le ministère de la Justice ou chancellerie, placé sous l'autorité du garde des Sceaux, ministre de la Justice, représente l'administration « centrale ».

Articulation interne :

- le secrétariat général ;
- la direction des Services judiciaires ;
- la direction des Affaires civiles et du Sceau ;
- la direction des Affaires criminelles et des Grâces ;
- la direction de l'Administration pénitentiaire ;
- la direction de la Protection judiciaire de la jeunesse ;
- l'inspection générale des Services judiciaires.

Localement le ministère de la Justice est relayé par les parquets des cours et tribunaux dont les magistrats forment le ministère public.

Les greffes des juridictions en assurent le secrétariat.

3. Par extension, l'étude des institutions juridictionnelles porte donc aussi sur l'ensemble des services concourant à l'administration de la justice et les personnels participant à l'œuvre de justice. Elle ne peut davantage être menée dans l'ignorance des principes fondamentaux présidant au fonctionnement de la justice et au respect desquels ces institutions sont ordonnées.

Division : les développements qui suivront étant consacrés aux institutions juridictionnelles françaises contemporaines, il importe de situer préalablement le sujet dans l'espace et dans le temps.

Section 1 – L'espace

Principe : prérogative d'un État souverain, la justice est organisée dans un cadre national. Ainsi en France, le Code de l'organisation judiciaire (COJ) dont la partie législative a été réécrite en juin 2006 et la partie réglementaire en juin 2008, présente successivement les juridictions instituées en France métropolitaine ou d'outre-mer. Semblablement chaque État institue souverainement son système judiciaire.

Tempéraments : les exigences des relations internationales contemporaines imposent de plus en plus une justice authentiquement internationale, qu'il s'agisse par ex. de régler les contentieux entre États ou même de juger les auteurs de crimes contre l'humanité.

La communauté internationale peut par traités établir des juridictions spécifiquement internationales :

- à la différence d'une juridiction étrangère, elles ne relèvent pas d'un État déterminé ;
- par nécessité, elles sont composées de juges appartenant à des pays différents ;
- leurs décisions font de plein droit autorité dans les différents pays ayant pris part à leur création et accepté leur juridiction obligatoire.

Par ailleurs, il est toujours apparu que les différents systèmes judiciaires nationaux ne pouvaient totalement s'ignorer : ainsi, par ex. lorsqu'une décision de justice étrangère est invoquée devant la justice d'un autre État. À l'époque de la mondialisation des échanges et dans un contexte de libre circulation des personnes, biens et services, une coopération des systèmes judiciaires s'impose.

§ 1 – La justice internationale et les juridictions issues d'accords de coopération

Objectif : parvenir au règlement juridictionnel de conflits mettant en cause les États contractants. Ceux-ci instituent donc une juridiction permanente dont ils reconnaissent à l'avance la compétence et les décisions.

I – La Cour internationale de justice

Organe judiciaire principal des Nations Unies, créé en 1946 et siégeant à La Haye.

A – Composition

15 membres élus pour 9 ans par l'assemblée générale et le Conseil de sécurité de l'ONU sur des listes proposées par chaque État comprenant des personnalités indépendantes et de compétence notoire en droit international. Le choix doit être dicté par le souci d'assurer la représentation des grandes formes de civilisation et des principaux systèmes juridiques du monde.

Lorsqu'un État, partie à un différend, n'a pas de juge à la Cour, celle-ci peut s'adjoindre un juge *ad hoc* désigné par cet État.

Les juges sont inamovibles, bénéficient de l'immunité diplomatique et ne peuvent exercer aucune fonction professionnelle, administrative ou politique.

B – Attributions

• Régler les litiges entre États : par ex. contentieux sur une frontière. Si sa juridiction a été acceptée par tous les États en cause, son arrêt dira le droit, mais l'exécution passe par la bonne volonté de l'État condamné ou par une épreuve de force du style embargo ;

• donner des avis à valeur facultative sur les questions juridiques qui lui sont soumises par l'assemblée générale ou le conseil de sécurité ;

• donner des avis à valeur obligatoire sur les jugements pris par le tribunal administratif des Nations Unies dans les litiges opposant l'ONU et ses fonctionnaires.

C – Fonctionnement

La Cour ne peut être saisie que par les États, pas par les particuliers.

II – La Cour européenne des droits de l'homme

Créée en 1959 dans le sillage de la Convention européenne de sauvegarde des droits de l'homme de 1950 et siégeant à Strasbourg, elle regroupe les 47 États du Conseil de l'Europe.

A – Composition

Un juge par État membre, soit actuellement 47 : les juges sont élus pour 9 ans par l'assemblée parlementaire du Conseil de l'Europe sur des listes présentées par chaque pays, proposant des jurisconsultes de compétence notoire, jouissant de la plus haute considération morale.

Les juges ne peuvent exercer aucune fonction incompatible avec les exigences d'impartialité et de disponibilité requises par leur activité juridictionnelle. Ils bénéficient des privilèges et immunités des membres du Conseil de l'Europe.

B – Attributions

• Constater les atteintes aux droits de l'homme garantis par la Convention et ses protocoles additionnels ;

• faire reconnaître à la victime ses droits issus de ces textes ;

• accorder à la victime une réparation appropriée.

C – Fonctionnement

La Cour peut être saisie par les États (recours interétatique) ou par toute personne physique, organisation non gouvernementale ou groupe de particuliers ayant épuisé dans son propre pays tous les recours à sa disposition (recours individuel).

La Cour statue à juge unique ou en comité de 3 juges (filtrage des recours individuels destiné à éliminer les recours irrecevables), chambre de 7 juges ou grande chambre de 17 juges (question de principe ou demande de réexamen d'un arrêt rendu par une chambre).

En cas d'arrêt « déclaratoire » d'un manquement, l'État visé choisit librement les mesures nécessaires pour supprimer l'atteinte reprochée ; la France a institué en 2000 une procédure de réexamen des condamnations pénales définitives intervenues selon la Cour européenne en violation de la Convention.

III – La Cour pénale internationale

Établie par un traité signé à Rome le 17 juillet 1998, elle siège à La Haye ; son entrée en vigueur date de 2002.

A – Composition

- 18 juges de nationalité différente, élus pour 9 ans par les États signataires en sorte de représenter équitablement les principaux systèmes juridiques, les différentes parties du monde et les deux sexes ;
- un procureur lui aussi élu pour 9 ans par les États signataires.

B – Attributions

- La cour est appelée à juger pénalement les génocides, crimes contre l'humanité, crimes de guerre et crimes d'agression commis postérieurement à son entrée en vigueur sur le territoire d'un État signataire ;
- sa compétence n'est que subsidiaire dans l'hypothèse où l'État concerné ne pourrait ou ne voudrait juger le criminel.

C – Fonctionnement

- La cour peut être saisie par son procureur, d'office ou sur requête d'un État, ou par le Conseil de sécurité des Nations Unies ;
- la procédure prévoit une enquête du parquet, puis une audience de confirmation des charges par la chambre préliminaire, puis un procès public devant une chambre de première instance, susceptible d'un recours devant une chambre d'appel ;
- la victime peut « assister » au procès et présenter des demandes ;
- les sanctions pénales sont un emprisonnement pouvant atteindre 30 ans, voire être prononcé à perpétuité.

NB : on rappellera pour mémoire les tribunaux pénaux internationaux établis en application des résolutions de l'ONU de 1993 et 1994 respectivement pour l'ex-Yougoslavie et le Rwanda, avant institution de la Cour pénale internationale, ainsi que le tribunal spécial institué pour la Sierra Leone en janvier 2002.

§ 2 – La justice internationale et les juridictions issues d'accords d'intégration

Objectif : réaliser une véritable communauté juridique entre États : dotée d'organes de fonctionnement et secrétant ses propres normes, cette communauté appelle nécessairement une juridiction qui veille à l'application de son ordre juridique propre.

Exemple : l'ordre juridique de l'Union européenne. La Communauté européenne, devenue l'Union européenne, a ses propres juridictions siégeant à Luxembourg.

I – La Cour de justice de l'Union européenne

Créée dans le cadre de la CECA en 1952 puis dans ceux d'Euratom et de la CEE en 1957.

A – Composition

• Autant de juges que d'États membres (actuellement 28) ;

• des avocats généraux chargés de présenter publiquement et en toute impartialité des conclusions motivées destinées à éclairer la Cour ;

• tous choisis pour 6 ans du commun accord des États membres, après avis motivé d'un comité de sages mis en place par le traité de Lisbonne, parmi des jurisconsultes possédant des compétences notoires ou réunissant les conditions requises pour l'exercice, dans leurs pays respectifs, des plus hautes fonctions juridictionnelles ;

• ils bénéficient des privilèges et immunités des Communautés européennes, mais ne peuvent exercer aucune autre fonction publique, administrative ou professionnelle.

B – Attributions

• La Cour assure la régulation du droit de l'Union, soit en se prononçant sur la validité d'un acte émanant d'une institution communautaire, soit en fournissant une interprétation, par hypothèse unique, des normes communautaires. À cette fin et si la difficulté par hypothèse se présente à l'occasion d'un procès introduit dans un État membre, la juridiction nationale dispose d'un recours préjudiciel en interprétation (ex. art. 177 devenu 234 du traité). La Cour de Luxembourg « dit pour droit » sa réponse et l'affaire revient alors devant la juridiction nationale ;

• tel un juge international, la cour tranche les différends entre États membres sur leurs obligations respectives en vertu des traités communautaires ;

• tel un juge constitutionnel, la Cour statue sur les contestations relatives aux répartitions de pouvoirs entre institutions communautaires ou entre ces institutions et un État membre ;

• tel un juge administratif, la Cour protège les États membres et les particuliers contre les agissements illégaux ou fautes dommageables des organes ou agents des communautés.

C – Fonctionnement

• Les juges désignent leur président pour 3 ans ;

• selon la nature de l'affaire, la Cour siège en assemblée plénière, grande chambre (15 juges) ou chambre de 3 ou 5 membres ;

• la Cour désigne pour 6 ans un greffier qui lui sert aussi de secrétaire général.

II – Le Tribunal de première instance de l'Union européenne

Créé en octobre 1988 pour être « adjoint » à la Cour de Luxembourg et la décharger d'un contentieux devenu pléthorique.

A – Composition

• Autant de juges que d'États membres (actuellement 28) ;

• mais pas d'avocats généraux permanents : si une affaire le nécessite, un des juges fera fonction d'avocat général au lieu de siéger.

B – Attributions

Pour l'essentiel, les recours des personnes physiques ou morales contre une institution communautaire dans les affaires relatives à la mise en œuvre des règles de la concurrence et du « dumping » ou les recours contre les décisions des chambres juridictionnelles spécialisées prévues par l'art. 225 du Traité.

À noter que toutes les décisions du Tribunal peuvent faire l'objet d'un recours devant la Cour : pourvoi limité aux questions de droit.

III – Le Tribunal de la fonction publique de l'Union européenne

Installé en octobre 2005 pour soulager à son tour le Tribunal de première instance, il est l'exemple d'une chambre juridictionnelle spécialisée prévue par l'art. 225 A du Traité.

A – Composition

Il comprend 7 juges nommés par le Conseil pour 6 ans.

B – Attributions

Il statue sur le contentieux entre les institutions de la communauté et leurs agents.

§ 3 – La coopération des systèmes judiciaires nationaux

Les différents systèmes juridictionnels nationaux ne peuvent s'ignorer car les juridictions nationales ont inéluctablement une compétence dite internationale, en ce sens qu'elles peuvent avoir :

- à juger des ressortissants étrangers (compétence internationale directe) ;
- à rendre exécutoires sur leur territoire des décisions étrangères (compétence internationale indirecte).

Réflexe initial des États : protéger leurs ressortissants par des privilèges de juridiction (ex. art. 14 et 15 C. civ.).

Mais impasse au niveau de l'exécution à l'étranger, chaque État refusant de reconnaître les décisions étrangères condamnant ses nationaux.

Réaction actuelle : multiplication des conventions bi ou multilatérales.

I – L'entraide judiciaire internationale

• Par de nombreux accords bi ou multilatéraux, les États peuvent convenir de faciliter entre eux l'accomplissement des actes de procédure, la transmission des actes judiciaires et extrajudiciaires, l'exécution des commissions rogatoires, la reconnaissance de leurs décisions de justice, la prise de mesures conservatoires ou d'exécution forcée… et d'admettre l'assimilation de leurs ressortissants respectifs au regard de l'accès aux tribunaux et de l'assistance judiciaire. De telles conventions s'avèrent particulièrement utiles en matière de protection des personnes (fixation et recouvrement des créances alimentaires à l'étranger, recherche et rapatriement de mineurs déplacés, exercice du droit de visite et d'hébergement) ou en matière de lutte contre la criminalité.

• Des magistrats de liaison facilitent par ailleurs le dialogue entre les États qui en échangent au niveau de leurs ministères de la justice respectifs.

II – L'espace judiciaire européen

L'Union européenne fait de la construction d'un espace judiciaire européen l'un de ses objectifs. Trois voies sont employées :

• **Une coopération judiciaire de proximité**, émancipée des canaux ministériels et diplomatiques, permettant le dialogue direct entre magistrats :

– mise en place de deux réseaux de praticiens (réseau judiciaire européen ou RJE), l'un en matière pénale en 1998 et l'autre en matière civile en 2001 ;

– création d'Eurojust en 2002, structure regroupant un représentant des autorités de poursuite de chaque État membre et possible amorce d'un futur parquet européen ; elle doit en l'état favoriser la coordination des enquêtes et des poursuites dans le domaine de la lutte contre les formes de criminalité transfrontalière les plus graves (terrorisme, traite des êtres humains, criminalité informatique…) ;

– mise en place de l'interconnexion des casiers judiciaires européens (ICJ) initiée par la France et l'Allemagne en 2003 et comptant 14 États de l'Union en 2008 ; création du système européen d'information sur les casiers judiciaires (ECRIS), entré en fonctionnement en avril 2012.

• **Un rapprochement des droits nationaux**, notamment en matière pénale par harmonisation des incriminations et des sanctions pour éviter que subsistent des « sanctuaires » pour les délinquants.

• **Une reconnaissance mutuelle des décisions rendues**, les décisions étrangères étant assimilées aux décisions nationales :

– en matière civile : règlement « Bruxelles I » du 22 déc. 2000, refondu le 12 décembre 2012, concernant la compétence judiciaire et l'exécution des décisions en matière civile et commerciale ; règlement « Bruxelles II bis » du 27 nov. 2003 concernant l'exécution des décisions en matière matrimoniale et en matière de responsabilité parentale ; règlement du 21 avril 2004 instituant le « titre exécutoire européen pour les créances incontestées » ; règlement du 11 juillet 2007, applicable au 1er janvier 2009, instituant une « procédure européenne de règlement des petits litiges » (ne dépassant pas 2 000 €) ; règlement du 18 décembre 2008, entré en vigueur le 18 juin 2011, concernant la compétence et l'exécution des décisions en matière d'obligations alimentaires.

– en matière pénale : institution en juin 2002 du mandat d'arrêt européen qui se substitue depuis le 1er mai 2004 à la procédure d'extradition en sorte que l'exécution en est confiée à l'autorité judiciaire et non plus l'autorité administrative ; décisions-cadres de l'Union de 2008 et 2009, transposées en France par la loi du 17 août 2015, prévenant ou réglant les conflits de compétence, permettant la reconnaissance mutuelle des contrôles alternatifs à la détention provisoire, permettant enfin la reconnaissance des jugements et décisions de probation.

Section 2 – Le temps

L'organisation juridictionnelle française actuelle s'est mise en place progressivement à compter de la Révolution de 1789.

L'évolution enregistrée depuis lors n'exclut pas l'existence d'une forte tradition.

§ 1 – La part de la tradition

Deux principes dominent l'organisation de la justice.

I – La primauté de la justice publique sur la justice privée

La justice est en principe rendue par l'État au nom du peuple français.

A – Justification négative

La justice privée est :

• **dangereuse** s'il s'agit d'une justice par soi-même : vendetta, vengeance privée... Inacceptable, hormis quelques rares cas de défense passive : ex. droit de rétention, exception d'inexécution (un vendeur impayé peut refuser de livrer), qui doivent être de toute façon exercés de bonne foi, donc sous contrôle possible du juge ;

• **infirme** s'il s'agit d'une justice par tiers arbitre. Même impartial et compétent, celui-ci est dépourvu de l'autorité publique et ne peut donc imposer sa décision au perdant.

B – Justification positive

L'État ne peut se désintéresser de la justice qui est :

• **garante de l'ordre social** : la règle de droit dégagée *a priori*, de manière générale et impersonnelle, ne suffit pas. Elle peut être obscure ou lacunaire. Même parfaite, elle se meut dans un domaine abstrait, idéal, alors que les situations concrètes sont floues et complexes. Son application engendre nécessairement des contestations qu'il faut apaiser et trancher. Pour cela, le juge dit le droit (*jurisdictio*) de manière concrète et *a posteriori*. Il complète l'ordonnancement juridique et assure l'effectivité du droit ;

• **garante des droits et libertés des citoyens** : sans protection judiciaire, les droits subjectifs seraient bafoués. L'observation est surtout sensible en matière pénale : nul ne peut être condamné sans un procès équitable.

Exceptionnellement un litige peut trouver sa solution en dehors de la justice étatique :

– par entente des adversaires, directe (ex. : la transaction, contrat régi par art. 2044 à 2058 C. civ.) ou suscitée par un tiers (ex. : procédé de la conciliation ou, depuis 2012, convention de procédure participative où chacun est assisté de son avocat) ;

– par une sentence privée : ex. : l'arbitrage.

Place de l'arbitrage : il est admis lorsque l'ordre public n'est pas en cause, spécialement en matière patrimoniale (v. art. 2059 à 2061 C. civ.).

Avantages : rapidité et simplicité, mais surtout discrétion (essentiel en matière de commerce interne ou international). Peut éviter une expertise par le choix d'un arbitre techniquement compétent.

Inconvénients : son coût, la renonciation parfois hâtive à certaines garanties procédurales (d'où les précautions du Code de procédure civile : art. 1460 s.), la nécessité de revenir devant le juge étatique pour obtenir l'exequatur de la sentence.

II – La dualité de l'ordre judiciaire et de l'ordre administratif

A – La loi des 16 et 24 août 1790 a fait interdiction aux juges d'intervenir dans l'administration

1. Justification de la règle

Elle est historique : sous l'Ancien Régime, les parlements non seulement jugeaient, mais aussi légiféraient par la prise d'arrêts de règlement ou adressaient des remontrances au souverain en refusant d'enregistrer ses édits.

Sensibles à la théorie de Montesquieu dite de la séparation des pouvoirs, les révolutionnaires ont voulu cantonner le pouvoir judiciaire dont ils se méfiaient par expérience.

D'où deux principes, protégés pénalement (art. 432-1 nouv. C. pén. ; art. 127 et 129 de l'ancien Code).

• **Le judiciaire ne peut empiéter sur le législatif :**

– interdiction des arrêts de règlement (art. 5 C. civ.). Même s'il supplée les lacunes de la loi (art. 4 C. civ.), le juge ne fait que trancher une situation individuelle. La règle jurisprudentielle n'apparait qu'au niveau du raisonnement. Son autorité n'est pas juridique, mais intellectuelle ;

– impossibilité pour le juge de s'opposer à l'exécution de la loi à laquelle il est soumis (art. 12 C. pr. civ.). Il ne peut statuer en équité que si les parties l'ont nommé amiable compositeur ;

– impossibilité d'écarter une loi, même sous prétexte d'inconstitutionnalité. Seul le Conseil constitutionnel, créé par la Constitution de 1958, dispose de ce pouvoir ; la révision constitutionnelle du 23 juillet 2008 qui permet au justiciable de poser, depuis le 1er mars 2010 la question prioritaire de constitutionnalité dans une instance en cours, n'a pas innové de ce point de vue : si la question est estimée pertinente, le juge, selon l'Ordre juridictionnel dont il relève, transmet au Conseil d'État ou à la Cour de cassation qui décide de son renvoi au Conseil constitutionnel.

• **Le judiciaire ne peut empiéter sur l'exécutif :**

– ni lui délivrer d'injonctions (l'administration peut donc, sauf à engager sa responsabilité, refuser de mettre à exécution forcée une décision judiciaire) ;

– ni *a fortiori* juger les administrateurs ou leurs actes (principe de séparation des autorités).

2. Conséquences de la règle : l'administration se juge elle-même

• Initialement selon un système de justice retenue : théorie du ministre-juge,

• puis selon un système de justice déléguée : apparition des juridictions administratives.

Avantages : essentiellement une plus grande compétence du juge administratif qui connaît le fonctionnement interne d'une administration.

Inconvénients :

– le justiciable se perd dans le dédale des compétences, d'où lenteurs. Un **Tribunal des conflits**, juridiction paritaire de 8 membres issus du Conseil d'État et de la Cour de cassation, présidée par le garde des Sceaux en cas de partage des voix, arbitre les conflits de compétence ;

– certains procès peuvent être scindés entre les deux ordres en cas de questions préjudicielles (ex. litige prud'homal à la suite d'un licenciement d'un représentant du personnel lorsqu'est contestée la légalité de la décision de l'inspecteur du travail), ce qui est encore une cause de lenteurs.

B – La loi interdit-elle réciproquement à l'administration d'intervenir dans le cours de la justice ?

1. Le principe de la séparation des pouvoirs a été posé contre les juges dont les révolutionnaires se méfiaient, et nullement à leur avantage

Le juge est donc à la merci du législateur (il n'est pas innocent de lire dans le texte de la Constitution de 1958 « autorité » judiciaire plutôt que « pouvoir » judiciaire) qui peut combattre une jurisprudence, même rétroactivement, par une loi expressément rétroactive ou interprétative (v. par ex. art. 1er, loi no 76-1036 du 15 nov. 1976 complétant les dispositions transitoires de la loi du 3 janv. 1972 sur la filiation) ou prendre une loi de validation.

2. L'État a cependant compris que le juge devait être indépendant de l'exécutif

a. Garanties accordées aux magistrats judiciaires

• L'indépendance des magistrats du siège (juges) est garantie constitutionnellement par le principe de l'inamovibilité. Aucun juge ne peut être déplacé, même en avancement, sans son consentement.

• L'indépendance des magistrats du parquet est traditionnellement plus faible puisqu'ils n'ont pas à juger les procès, mais à veiller au respect de la loi et à la mise en œuvre, dans le cadre des orientations gouvernementales, de politiques générales comme la politique pénale. Ils sont donc placés sous l'autorité du garde des Sceaux pour être les porte-parole de l'exécutif auprès des tribunaux. L'inamovibilité ne leur a jamais été accordée. Leur statut fait actuellement débat.

• Un organisme régi par la Constitution, revu en 1993 et 2008, le Conseil supérieur de la magistrature, a pour vocation d'assister le président de la République, garant de l'indépendance de l'autorité judiciaire. Ses prérogatives sont jusqu'ici plus importantes pour le siège : il intervient pour les nominations sous forme de propositions ou d'avis conformes et fait fonction de conseil de discipline. Pour le parquet, ses prérogatives sont plus restreintes : il donne son avis sur les nominations et sur les sanctions disciplinaires qu'envisage le ministre. Une réforme a été votée en avril 2016 par l'assemblée nationale, mais son adoption définitive passerait par la réunion actuellement improbable du congrès.

b. Garanties accordées aux juges administratifs

• Les textes ont étendu l'inamovibilité aux membres de la Cour et des chambres régionales des comptes, des tribunaux administratifs et des cours administratives d'appel.

• Elle ne constitue néanmoins pas un principe général. Pour le Conseil d'État, les garanties sont de pur fait par le prestige et la tradition d'indépendance de ses membres.

Remarque : l'indépendance n'est protégée que de manière purement négative : impossibilité de se débarrasser de…

La tentative de séduction n'est en revanche pas exclue : la magistrature est un corps de l'État dont les membres doivent faire carrière… L'indépendance du magistrat n'a pour rempart que sa *firmitas animae*.

§ 2 – La part de l'évolution

Depuis la Révolution, l'idéal d'une meilleure justice justifie périodiquement des réformes. La période actuelle en est l'illustration.

I – Avant la Vᵉ République

On distingue deux grandes périodes.

A – Premiers errements (1789-1810)

1. La Révolution

Elle fait table rase du passé. Les privilèges de juridiction, les justices seigneuriales et la vénalité des charges de judicature sont abolis dans la nuit du 4 août 1789. Les parlements sont congédiés et les ordres d'avocats supprimés.

En remplacement,

– elle pose les principes de séparation des pouvoirs, égalité et gratuité de la justice, et la règle du double degré de l'instance (par appel circulaire devant un tribunal autre que celui qui a statué le premier, mais de même niveau hiérarchique) ;

– elle admet l'arbitrage et fait une large place à la conciliation devant le juge de paix ;

– elle décide l'élection des juges et pour cette raison maintient, sous le terme de tribunaux de commerce, les juridictions consulaires de l'Ancien Régime ;

– elle établit les tribunaux de district et les justices de paix et finit par placer au-dessus d'eux un Tribunal de cassation.

2. Le Consulat

• Crée sous l'an VIII le Conseil d'État, puis les conseils de préfecture, germes de la justice administrative ;

• corrige les excès de la période précédente en limitant l'élection des juges et en instituant des tribunaux d'appel.

3. L'Empire

• Rétablit pour les juridictions d'appel et de cassation l'appellation de cour ;

• institue en 1806 les premiers conseils de prud'hommes ;

• rétablit le tableau, puis l'ordre des avocats.

B – Stabilisation (1810-1958)

La loi du 20 avril 1810 « sur l'organisation de l'ordre judiciaire et l'administration de la justice » constitue le monument de cette période. Elle confirme la structure pyramidale à trois étages de l'ordre judiciaire :

• à la base, les tribunaux civils et les justices de paix ;

• à l'échelon intermédiaire, les cours d'appel ;

• au sommet, la Cour de cassation.

L'évolution ultérieure est marquée par :

• l'essor de la justice administrative : la loi du 24 mai 1872 consacre le passage de la justice retenue à la justice déléguée. Un décret du 30 septembre 1953 substitue aux conseils de préfecture les tribunaux administratifs, désormais juridictions de droit commun ;

• la multiplication des juridictions judiciaires d'exception :

– civiles : tribunaux paritaires des baux ruraux, commissions de sécurité sociale…

– pénales : juridictions militaires, juridictions pour mineurs…

• le vieillissement des structures (carte judiciaire), la pénurie des moyens et les difficultés du recrutement.

II – Depuis la Ve République

On peut ici distinguer par commodité trois temps.

A – Réforme de 1958

Elle est marquée par deux éléments.

1. Nouveau cadre constitutionnel

La Constitution de 1958 réserve à la loi :

• la création de nouveaux ordres de juridiction ;

• le statut des magistrats judiciaires (qui requiert même une loi organique) ;

• la procédure pénale.

NB : le Conseil constitutionnel interprète libéralement ces notions pour étendre le domaine de la loi : par ex. : création d'un nouveau type de juridiction, indépendance des juges administratifs…

2. Rénovation des institutions

• Réorganisation des juridictions judiciaires : tribunaux d'instance et de grande instance se substituent aux justices de paix et tribunaux civils. Du même coup, la carte judiciaire est remaniée. Les cours d'appel deviennent seules juridictions du second degré ;

• refonte du statut des magistrats judiciaires dans le sens d'une revalorisation de la carrière (création du Centre national d'études judiciaires, CNEJ, à Bordeaux, future École nationale de la magistrature) ;

• réforme de la procédure pénale : le Code de procédure pénale se substitue au Code d'instruction criminelle qui datait de 1808.

B – Réformes ultérieures

Boulimie de réformes.

1. Réformes touchant aux juridictions

• Pénales d'exception :

– volonté de les banaliser avec l'institution en 1963 de la Cour de sûreté de l'État ;

– puis mouvement de suppression : Cour de sûreté de l'État en 1981 et tribunaux permanents des forces armées en 1982.

• Civiles spécialisées :

– réforme généralisant les conseils de prud'hommes en 1979 ;

– réorganisation des tribunaux des affaires de sécurité sociale en 1985, des tribunaux de commerce en 1987 et des tribunaux de l'incapacité en 2002.

• Administratives : création des cours administratives d'appel en 1987 pour désencombrer le Conseil d'État.

• Politiques : apparition au côté de la Haute Cour de justice d'une Cour de justice de la République (loi constitutionnelle du 27 juill. 1993) ; transformation de la Haute Cour de Justice en Haute Cour (loi constitutionnelle du 23 février 2007).

2. Réformes touchant aux professions judiciaires

• Fonctionnarisation des greffiers d'instance, grande instance et prud'hommes à dater de 1965 ;

• nouvelle profession d'avocat deux fois réorganisée par fusion avec les avoués de grande instance en 1971, puis par fusion avec les conseils juridiques à compter de 1992 ;

• refonte du statut des administrateurs et liquidateurs judiciaires en 1985 et 2003 ;

• refonte du statut des juges consulaires et des greffiers des tribunaux de commerce en 1987-1988 ;

• amélioration des garanties d'indépendance des juges administratifs en 1986 et 1987 ;

• nombreuses retouches du statut de la magistrature judiciaire dans le sens d'une meilleure protection à l'égard de l'exécutif et d'une meilleure ouverture à la société civile (loi organique du 25 février 1992 ; loi constitutionnelle du 27 juillet 1993 modifiant le Conseil supérieur de la magistrature ; lois organiques des 5 février 1994, 19 janvier 1995 et 25 juin 2001).

3. Réformes touchant au fonctionnement de la justice

a. Réformes destinées à faciliter l'accès à la justice

• Réforme de l'aide judiciaire en 1972, puis de l'aide juridique devenue à la fois aide juridictionnelle et aide à l'accès au droit en 1991 et 1998 ;

• institution de la gratuité des justices civile et administrative en 1977.

b. Réformes destinées à démultiplier les moyens

• Émergence de juges uniques aux attributions étendues : juge de l'exécution depuis le 1er janvier 1993 ; juge aux affaires familiales depuis le 1er février 1994 ; en parallèle recul de la collégialité du tribunal correctionnel et du tribunal administratif (L. 8 févr. 1995) ;

• développement des modes alternatifs de règlement des conflits soucieux de désencombrer le juge (trois décrets en 1996 sur la médiation pénale, la médiation civile et les conciliateurs de justice ; loi du 23 juin 1999 sur les alternatives aux poursuites et la composition pénale) ;

• apparition des juges de proximité en 2002.

c. Réformes destinées à améliorer l'efficacité du système judiciaire

• Entreprises de codification : Code de justice militaire en 1965 ; Code des tribunaux administratifs en 1973 remplacé en 2000 par le Code de justice administrative (CJA) ; nouveau Code de procédure civile en 1975 (devenu « code » par disparition complète de l'ancien en 2008) ; Code de l'organisation judiciaire (COJ) en 1978 (partie législative rénovée en 2006 et partie réglementaire en 2008) ; Code des procédures civiles d'exécution (2012) ;

• développement des procédures d'urgence devant les juridictions administratives en 2000 ;

• frénésie des textes de procédure pénale : notamment dans le domaine de l'instruction et du placement en détention provisoire (au moins quatre lois entre 1984 et 1989 ! deux réformes pour la seule année 1993 ! une encore en 1996, une autre en 2000 déjà rectifiée en 2002 !). L'affaire d'Outreau a suscité la réforme de 2007 faisant apparaître en 2008 les pôles d'instruction ;

• développement des technologies nouvelles : systèmes télématiques d'échange avec les greffes : consultation de l'état d'avancement d'une procédure (type système SAGACE devant les juridictions administratives) ; mise en état électronique devant les tribunaux de grande instance et cours d'appel (RPVA) ; numérisation des procédures pénales transmises par RPVA ou sous CD-Rom ; développement d'audiences à distance par un moyen de communication audiovisuelle (par ex. : art. L. 111-12 COJ ; art. L. 781-1 CJA) ;

• réforme des procédures d'exécution aujourd'hui reprises par le Code des procédures civiles d'exécution de 2012 : saisies mobilières et mesures conservatoires (L. 9 juill. 1991) ; saisies immobilières (ord. 21 avr. 2006).

C – Période contemporaine

1. Réformes

• Soubresauts de la **carte judiciaire** : réduction décidée au pas de charge à l'automne 2007 (suppression de 178 tribunaux d'instance, 22 tribunaux de grande instance et 55 tribunaux de commerce) ; rétablissement décidé fin 2013 de 3 des TGI supprimés.

• Dans le sillage des **travaux des commissions** Guinchard (nouvelle répartition du contentieux judiciaire ; déjudiciarisation ; simplification des procédures), Darrois (grande profession du droit et réforme de l'aide juridictionnelle) et Varinard (réforme du droit pénal des mineurs) :

– loi du 25 janvier 2011 supprimant à compter de 2012 les avoués d'appel ;
– loi du 28 mars 2011 de modernisation des professions judiciaires et juridiques réglementées (par ex. apparition de l'acte contresigné par avocat) ;

– loi du 10 août 2011 sur la participation des citoyens au fonctionnement de la justice pénale et le jugement des mineurs : si le tribunal correctionnel pour mineurs institué par cette loi doit seulement disparaître prochainement, l'expérimentation de citoyens assesseurs siégeant au tribunal correctionnel, à la chambre correctionnelle de la cour d'appel, au tribunal de l'application des peines et à la chambre de l'application des peines de la cour d'appel a été en revanche interrompue fin avril 2013 ;
– loi du 13 décembre 2011 sur la répartition des contentieux et l'allégement des procédures (par ex. suppression de la juridiction de proximité ; transfert de compétences entre TGI et tribunaux d'instance ; développement des procédures pénales simplifiées).

• Loi du 25 juillet 2013 supprimant la possibilité pour la chancellerie de donner des **instructions individuelles** au parquet ; seules peuvent être données des instructions générales de politique pénale.

• Loi du 6 décembre 2013 instituant un **parquet financier à compétence nationale** pour améliorer la lutte contre la fraude fiscale et la grande délinquance économique.

• Loi du 17 mars 2014 instituant une **action de groupe**.

• Loi du 27 mai 2014 transposant une directive européenne améliorant l'**information dans le cadre des procédures pénales** (par ex. rappel aux personnes soupçonnées, gardées à vue ou poursuivies pénalement de leur droit de se taire ou d'exiger un interprète…).

• Loi du 20 juin 2014 créant la **cour de révision et de réexamen** en matière pénale.

• Loi du 6 août 2015 confiant à des **tribunaux de commerce spécialisés** les procédures collectives affectant les grandes entreprises dépassant certains seuils en termes de chiffre d'affaires ou de nombre de salariés.

• Loi du 17 août 2015 portant **adaptation de la procédure pénale** au droit de l'Union européenne.

• Ordonnance du 31 mars 2016 modifiant la désignation des **conseillers prud'hommes**.

2. Débat sur « la justice du XXIe siècle »

Lancé début 2014 sur la base de différents rapports déposés courant 2013 : rapports Nadal (modernisation de l'action publique), Delmas Goyon (le juge du XXIe siècle), Marshall (les juridictions du XXIe siècle). Parmi les pistes évoquées :

• pour adapter la justice à notre temps : favoriser les technologies nouvelles : plateforme de règlement en ligne des litiges, requêtes électroniques, plaidoirie par visioconférence, audiences virtuelles…

• pour désencombrer le juge et le recentrer sur sa mission : transfert d'attributions du magistrat vers son greffier qui pourrait devenir « greffier juridictionnel » (incidents de procédure, mise en état, homologation, divorce par consentement mutuel…) ; possibilité qui pourrait être reconnue aux avocats d'établir des actes de procédure qui soulageraient le juge en lui évitant de procéder lui-même aux enquêtes ou de désigner des techniciens ; promotion des modes alternatifs de règlement des litiges…

• pour améliorer la lisibilité de l'institution et simplifier le recours à la justice : concentrer autour d'un unique tribunal de première instance les juridictions du premier degré ; harmoniser les ressorts judiciaires avec les autres découpages administratifs (régions, départements) ; établir un guichet universel de greffe ; assouplir la procédure en permettant au cas par cas le passage d'une procédure écrite à une procédure orale ou inversement…

→ Déposés en juillet 2015, deux projets de loi sont actuellement en discussion au parlement et devraient être adoptés à l'été 2016. Le **projet de loi organique**, déjà arrivé devant le Conseil constitutionnel, vise à renforcer l'indépendance des magistrats (spécialement procureurs généraux et juges des libertés) et leurs obligations déontologiques (déclaration d'intérêts, voire de patrimoine). Le **projet de loi ordinaire**, encore en débat, vise à simplifier les démarches du justiciable (service d'accueil unique), à soulager le juge (préalable de conciliation ou de médiation, déjudiciarisation de certains divorces, répression « forfaitisée » des délits de conduite sans permis ou sans assurance) et à simplifier l'organisation judiciaire (absorption des juridictions de sécurité sociale par des TGI spécialement désignés).

3. Toile de fond récurrente : le malaise de la justice

• Il frappe pour l'essentiel l'ordre judiciaire saturé et sinistré.

• Indépendamment de l'horreur qu'inspire légitimement l'erreur judiciaire (*cf.* affaire dite *d'Outreau*), une tâche est prioritaire du côté des usagers et des praticiens : remédier à l'encombrement constant et croissant des tribunaux, résultat cumulé :

- de l'insuffisance numérique des magistrats (la France a seulement retrouvé en 1990 l'effectif de magistrats judiciaires qui était le sien en 1914 : 6 000 ; fin 2014, elle en comptait 7 726) ;
- face au double accroissement du volume des affaires (ainsi en 1977 par exemple, le nombre d'affaires nouvelles en matière civile et commerciale était de 845 000, il est passé à 2 635 000 en 2008 (2 746 515 en 2014), soit un triplement en trente ans) et du volume de leurs attributions : un même juge du tribunal de grande instance peut être tout à la fois, outre ses attributions ordinaires, JME (juge de la mise en état), JAF (juge aux affaires familiales), JEX (juge de l'exécution), JAP (juge de l'application des peines), juge délégué aux victimes, juge des référés, etc. sans parler des commissions de tous ordres faisant partiellement appel aux magistrats judiciaires (un rapport établi en 2013 en dénombre plus de 160 !).

• Si les personnes font usuellement le maximum et ne méritent qu'exceptionnellement les reproches que leur adresse l'opinion populaire, l'institution accuse de réels et irritants dysfonctionnements : trop longs délais d'audiencement, longueur des délibérés, décalage important entre prononcé des décisions et délivrance des expéditions de jugement…

Pour aller plus loin

Bibliographie

- S. Guinchard, G. Montagnier, A. Varinard, Th. Debard, *Institutions juridictionnelles*, coll. « Précis », Dalloz, 13e éd., 2015.
- R. Perrot, *Institutions judiciaires*, coll. « Précis Domat », Montchrestien, 15e éd., 2012.
- J.-P. Royer, *Histoire de la Justice en France*, coll. « Droit fondamental », PUF, 4e éd., 2010.

Sites utiles

- pour les institutions juridictionnelles françaises : www.justice.gouv.fr et www.legifrance.gouv.fr
- pour les juridictions communautaires : http://europa.eu et http://curia.europa.eu/fr
- pour la Cour européenne des droits de l'homme : www.echr.coe.int/echr/

Première partie

Les juridictions

Définition : *la notion n'est pas facile à cerner. Deux séries de critères peuvent être envisagées :*

• Les critères formels qui insistent sur les signes extérieurs de l'institution : organisation, composition et fonctionnement :

– une juridiction est un organe spécialisé, hiérarchisé et indépendant (critère organique) ;

– une juridiction doit respecter des règles strictes de procédure garantissant les droits des plaideurs (critère procédural).

• Les critères matériels qui insistent sur l'objet même et la finalité de l'institution, investie d'un pouvoir de décision à l'égard d'une contestation née de l'application des règles juridiques.

L'opinion dominante combine ces critères : *une juridiction est un organe institué pour trancher, en toute indépendance et selon certaines formes protectrices des intérêts en présence, les contestations nées de l'application des règles juridiques.*

Conséquences : *certains organes qui n'émettent que des avis ne sont pas des juridictions, même s'ils respectent formellement des règles de procédure (accès au dossier, présence possible d'un avocat...).*

Ex. : la commission de suspension des permis de conduire qui ne fournit qu'un avis à l'intention du préfet ou du sous-préfet ; la commission départementale de conciliation qui, en matière de baux d'habitation, entend bailleur et preneur avant saisine du juge d'instance.

Classifications :

1) Juridictions du premier degré et juridictions du second degré

Le juge n'est pas considéré comme infaillible. Le plaideur mécontent du jugement peut donc faire rejuger l'affaire une seconde fois (principe du double degré de juridiction).

Deux options :

• l'appel circulaire devant une juridiction de même position hiérarchique ;

• l'appel hiérarchique devant une juridiction supérieure.

Position du droit français : *après avoir adopté l'appel circulaire en 1789, il a choisi depuis le Consulat l'appel hiérarchique.*

Justification : *l'expérience du juge d'appel, plus ancien que le juge du premier degré.*

À noter toutefois depuis le 1er janvier 2001, la réapparition de l'appel circulaire contre un arrêt d'assises devant une seconde cour d'assises comprenant davantage de jurés.

Limites au double degré de juridiction :

• en faveur de la juridiction du second degré : l'évocation qui permet, par souci de célérité, de trancher un point non jugé en première instance ;

• en faveur de la juridiction du premier degré : les décisions rendues en premier et dernier ressort, sans possibilité d'appel (litiges de minime importance).

2) Juridictions du fond et juridictions de cassation

*Les juridictions du fond jugent l'**ensemble du procès**, c'est-à-dire le fait et le droit, au premier ou au second degré.*

*Les juridictions de cassation ne jugent pas le procès, mais les **décisions des juges du fond**, à l'effet de vérifier si ces derniers ont fait une application correcte du droit. Elles ne jugent donc que le droit. Aussi ne constituent-elles pas un troisième degré de juridiction.*

3) Juridictions du fond et juridictions des référés

*Les juridictions du fond **épuisent** le procès en rendant des décisions définitives, dessaisissant le juge et ayant autorité de chose jugée. Mais elles épuisent aussi la patience des plaideurs...*

*D'où les juridictions des référés qui rendent rapidement et contradictoirement des décisions **provisoires** dans les cas d'urgence ou pour faire cesser un trouble manifestement illicite ou pour accorder une provision au créancier dont le droit n'est pas sérieusement contestable. Le juge du fond, s'il est saisi, n'est pas lié par la décision rendue en référé.*

4) Juridictions de droit commun et juridictions d'exception

Les juridictions de droit commun ont une compétence générale ou de principe (elles connaissent de tous les litiges que la loi n'attribue pas spécialement à d'autres juridictions).

Les juridictions d'exception ont une compétence spéciale (elles connaissent des seuls litiges que la loi leur attribue).

***Remarque :** cette distinction technique, parfaitement neutre, a pris un sens péjoratif, surtout au pénal, dans la mesure où devant certaines juridictions à compétence spéciale, la procédure elle-même s'est mise à glisser hors des garanties du droit commun.*

On tend donc à lui préférer la distinction suivante.

5) Juridictions ordinaires et juridictions spécialisées

Proche de la précédente distinction, sans se confondre avec elle, cette distinction se fonde davantage sur la technicité de certains contentieux qui oblige à prévoir des juridictions à compétence, procédure et composition particulières.

***Objection :** le principe d'égalité devant la justice.*

***Réponse :** il ne s'agit pas d'accorder intuitu personae un privilège de juridiction, mais de constater que certaines catégories, professionnelles (commerçants, salariés par ex.) ou non (mineurs d'âge), suscitent un contentieux qui ne peut être réglé sans une expérience particulière. D'où principalement l'appel à des juges ou des assesseurs qui ne sont pas magistrats de carrière, mais spécialistes du domaine concerné.*

***Compromis :** le développement des juridictions spécialisées s'observe principalement au premier degré, alors que l'on revient au stade de l'appel aux juridictions ordinaires.*

6) Juridictions collégiales et juridictions à juge unique

Éléments du débat :

• pour la collégialité :

– garantie de bonne justice (échanges d'idées, discussion, formation des jeunes magistrats),

– garantie d'impartialité : contrôle réciproque (« juge unique, juge inique ») ; anonymat donc réelle indépendance ;
• pour le juge unique :
– sens des responsabilités (délibéré collégial parfois illusoire),
– meilleure utilisation des énergies (et des crédits !).
***Tradition française :** la justice est collégiale. Deux raisons :*
• garantie de bonne justice (supra) ;
• raisons plus contingentes : le développement des juridictions spécialisées. La collégialité permet seule la représentation d'intérêts divergents (patrons-employés ; bailleurs-preneurs...) ou l'assistance d'un magistrat de carrière par des assesseurs à compétence technique (échevinage).
***Évolution contemporaine :** importance croissante du juge unique :*
• Extension des juridictions à juge unique et de leur compétence : juge d'instance, juge des référés, juge de l'expropriation, juge aux affaires familiales, juge de la mise en état, juge d'instruction, juge de l'application des peines, juge de proximité... ;
• Mise en place d'audiences à juge unique au sein des juridictions collégiales, pour désencombrer certains contentieux :
– tribunal correctionnel (art. L. 212-5 COJ) ;
– tribunal de grande instance (art. L. 212-2 COJ) ;
– cour d'appel (art. 945-1 C. pr. civ. pour les procédures sans représentation obligatoire ; art. L. 212-2 précit. par simple extrapolation pour les autres procédures) ;
– tribunal administratif (art. R. 222-13 CJA) ;
– Conseil d'État (accentuation des pouvoirs des présidents de sous-section : v. art. L. 122-1 et R. 122-12 CJA).
*Mais résistance **au moins conceptuelle** de la collégialité : la loi du 5 mars 2007 a souhaité la réintroduire en matière d'instruction pénale à travers la cosaisine et le collège de l'instruction, mais la mise en place de ce dernier a été constamment retardée et il n'en est question aujourd'hui que pour certaines décisions seulement.*

7) Juridictions sédentaires et juridictions foraines

La justice doit être accessible. Mais en principe le siège des juridictions est fixe et c'est au justiciable à s'y déplacer.
Par exception, le juge d'instance a toujours pu tenir des audiences foraines, moyen de compenser la suppression en 1958 de très nombreuses justices de paix. C'est donc logiquement que le nouveau juge de proximité peut lui aussi tenir des audiences foraines. Plus largement et depuis la loi du 8 févr. 1995, toutes les juridictions judiciaires peuvent tenir des audiences foraines sur décision du premier président de la cour d'appel, après avis du procureur général (art. R 124-2 COJ).

8) Juridictions permanentes et juridictions intermittentes

Les juridictions siègent en principe de manière continue (art. L. 111-4 COJ). Un service allégé, par roulement des magistrats, est prévu aux périodes de vacances (audiences dites de vacations).
Certaines juridictions pratiquant l'échevinage ne siègent toutefois que par sessions (« à la demande », si l'on peut dire) : ex. cours d'assises, tribunaux paritaires des baux ruraux, juridictions de sécurité sociale.
Motif : ne pas déranger inutilement les assesseurs ou les jurés.

Titre 1
Les juridictions de l'ordre judiciaire

*L'ordre judiciaire regroupe les juridictions civiles et les juridictions répressives (principe de l'**unité des justices civile et pénale**). Les magistrats judiciaires sont en effet par tradition garants des droits et libertés des individus que menace au premier chef le procès pénal.*
L'ordre judiciaire présente une structure pyramidale que l'on découvre, comme le plaideur, de sa base à son sommet. On distinguera donc les juridictions de première instance et les juridictions qui leur sont supérieures.

Chapitre 1
Les juridictions civiles de première instance

L'essentiel

En première instance, le contentieux civil ordinaire échoit au tribunal de grande instance, juridiction de droit commun, sous réserve des affaires de moindre importance dévolues au tribunal d'instance ou à son diminutif, la juridiction de proximité. Le contentieux spécialisé est traité selon la matière par diverses juridictions faisant fréquemment, mais pas toujours, appel en tout ou en partie à des juges non professionnels : tribunal de commerce, conseil de prud'hommes, juge de l'expropriation, juridictions de sécurité sociale, juge délégué aux victimes et commission d'indemnisation des victimes de certaines infractions.

Section 1 – Le contentieux ordinaire

Il s'agit du contentieux civil *stricto sensu* (par opposition au contentieux commercial et social). Il est dévolu aux juridictions « ordinaires ».

Elles sont composées essentiellement des magistrats de carrière sous la réserve des récents « juges de proximité ».

Classification : le tribunal de grande instance (la juridiction de droit commun), le tribunal d'instance et la juridiction de proximité (les juridictions d'exception).

§ 1 – La juridiction de droit commun : le tribunal de grande instance

Principe :

- il constitue la juridiction civile de droit commun ;
- il est une juridiction collégiale : trois juges au moins en principe.

I – L'organisation

• Au moins un tribunal par cour d'appel (art. L. 211-2 COJ) et même en pratique par département sauf nécessités démographiques dans les départements particulièrement peuplés (par ex. 6 dans le Nord et 4 dans le Pas-de-Calais).

• Au moins trois membres (un président et deux juges), plus le ministère public (procureur de la République et son ou ses substituts) et le greffier.

Mais les tribunaux importants comprennent plus de membres et sont divisés en chambres (par ex. 31 chambres à Paris, 11 à Marseille), susceptibles de regroupements en pôles. Les chambres elles-mêmes sont parfois divisées en sections. Des chambres détachées sont également possibles (art. R 212-18 COJ).

II – Le fonctionnement

A – Activités juridictionnelles

Principe : audience publique.

Exception : audience en chambre du conseil, c'est-à-dire à huis clos :

– de droit en matière gracieuse (par ex. homologation d'un changement de régime matrimonial) ;

– facultatif en matière contentieuse, sauf texte l'imposant expressément (ex. : divorce).

Remarque : par tradition, l'audience est collégiale. Exigence d'un nombre impair (en principe 3 magistrats). Un juge absent peut toujours être suppléé par l'avocat le plus ancien présent à la barre.

Mais évolution : développement du recours au juge unique par souci d'économie des moyens :

• Dans le cadre de compétences propres confiées à des magistrats du tribunal de grande instance, ex. :

– juge aux affaires familiales ;

– juge de l'expropriation ;

– juge de l'exécution ;

– juge de la mise en état ;

– juge des libertés et de la détention (contrôle des hospitalisations psychiatriques).

• Dans le cadre même des compétences du tribunal de grande instance, ex. :

– reconnaissance et exequatur des jugements étrangers et des sentences arbitrales ;

– vente des biens des mineurs ;

– accidents de la circulation terrestre.

NB : le renvoi à la formation collégiale est cependant possible à l'initiative, selon le cas, du juge ou des parties.

B – Administration du tribunal

• Sous l'autorité du président : répartit les affaires entre les chambres, surveille le bon fonctionnement du tribunal, affecte (après avis du procureur) les magistrats aux différentes chambres (règle du roulement)…

• Par l'assemblée générale du tribunal : élaboration du règlement intérieur, répartition des magistrats durant les congés, nomination des magistrats membres des bureaux d'aide juridictionnelle…

Remarque : Volonté des pouvoirs publics de renforcer la « démocratie » au détriment de la « hiérarchie », d'où l'importance accrue des assemblées générales depuis 1981 : cinq variantes sont détaillées par les art. R. 212-22 à 57 COJ : assemblée du siège, assemblée du parquet, assemblée du siège et du parquet, assemblée des fonctionnaires du greffe, assemblée des magistrats et des fonctionnaires du greffe.

Volonté également de favoriser l'échange et la communication avec la cité à travers un conseil de juridiction auquel est présenté, en tout ou partie, le projet de juridiction (R 212-63 et 64 COJ, décret du 26 avril 2016).

III - La compétence

Deux idées rendent compte des attributions du tribunal de grande instance qui a :

• compétence exclusive pour certaines affaires, par ex. état des personnes (mariage, divorce, filiation, nationalité), propriété immobilière, enregistrement et fiscalité indirecte, brevets et marques de fabrique, indemnisation des dommages résultant d'une recherche biomédicale, baux commerciaux et dorénavant professionnels, redressement ou liquidation judiciaire lorsque le débiteur n'est ni commerçant, ni artisan… ; le projet de loi sur la justice du 21e siècle devrait y ajouter la réparation du dommage corporel actuellement partagée avec le tribunal d'instance et la juridiction de proximité ;

• compétence résiduelle pour tous les litiges civils que la loi n'attribue pas à d'autres juridictions. Le tribunal de grande instance est en effet juridiction de droit commun.

Exemple : demande en paiement au-dessus de 10 000 € (puisque le tribunal d'instance est incompétent au-delà de ce seuil).

NB : en l'absence de tribunal de commerce, le tribunal de grande instance connaissait du contentieux commercial et statuait commercialement, c'est-à-dire selon les règles de la procédure commerciale ; ce cas de figure a disparu avec la dernière réforme de la carte judiciaire.

IV - Les attributions propres du président

Outre la direction générale de son tribunal (*supra*), le président est investi de deux séries d'attributions.

A - Attributions extrajudiciaires

Par ex. surveillance des actes de l'état civil, surveillance de l'établissement des listes des jurés criminels.

B - Attributions juridictionnelles

Le président dispose d'un pouvoir juridictionnel autonome. Par ex., il est juge des loyers commerciaux.

Sur un plan plus général, il rend :

• des ordonnances sur requête : réponse à une demande présentée par avocat sans débat contradictoire : par ex. commission d'un huissier pour un inventaire ou un constat d'adultère, envoi en possession d'un légataire universel ;

• des ordonnances de référé : décisions provisoires après débat contradictoire, lorsqu'il y a urgence ou trouble manifestement illicite ou absence de contestation sérieuse : nomination d'un expert, allocation d'une provision sur créance, nomination d'un administrateur provisoire…

Remarque : le lien possible entre les deux procédures. Le président peut rendre une ordonnance sur requête « à charge de lui en référer » en cas de difficultés (de la part de celui à qui l'ordonnance fait grief, non entendu par hypothèse).

Depuis le 1er janvier 1993, le président est juge de l'exécution.

§ 2 – Les juridictions d'exception

I – Le tribunal d'instance

Principes :

• il est une juridiction d'exception ;

• il statue à juge unique ;

• il applique une procédure simple, laissant place à la conciliation.

Origine : les justices de paix, supprimées en 1958.

Évolution :

• depuis 1958, devient de plus en plus un diminutif du tribunal de grande instance (comme lui, juridiction ordinaire) ;

• attributions sans cesse croissantes sous réserve du délestage lié à la création en 2003 de la juridiction de proximité laquelle doit en principe disparaître au 1er janvier 2017.

A – Organisation

• La réforme de 1958 a réduit le nombre des anciennes justices de paix, donc élargi le ressort territorial des tribunaux d'instance. Au moins un par cour d'appel (art. L. 221-2 COJ) et en pratique par arrondissement en principe.

En compensation, possibilité théorique d'audiences foraines.

• Au moins un juge, plus son greffier.

Mais les grands tribunaux d'instance peuvent comprendre plusieurs juges.

Remarque : à la différence des anciens juges de paix qui formaient un corps particulier, les juges d'instance depuis 1958 appartiennent au même corps que les juges de grande instance. Ils sont d'ailleurs nommés au tribunal de grande instance du chef-lieu et « chargés du service du tribunal d'instance ». Ils peuvent donc, en cas de nécessité, siéger au tribunal de grande instance lui-même.

B – Fonctionnement

• Activités juridictionnelles :

– audience à juge unique ;

– audience publique, sous réserve des tentatives de conciliation que le juge peut mener dans son cabinet ou déléguer à un conciliateur.

Remarque : Le rapprochement amorcé avec le tribunal de grande instance éloigne du même coup le tribunal d'instance de la mission essentiellement conciliatrice des justices de paix. D'où désormais l'institution distincte des conciliateurs (Décr. du 20 mars 1978), appelés à faciliter le règlement amiable des litiges portant sur les droits dont les particuliers ont la libre disposition, mais ces conciliateurs ne sont en aucune manière des juges (v. p. 116). Le projet de loi sur la justice du 21e siècle prévoit leur intervention avant toute saisine du tribunal par déclaration au greffe.

• Administration du tribunal :

– en principe sous l'autorité de l'un des juges s'ils sont plusieurs (mais il n'est pas « président » car le tribunal d'instance n'est pas collégial ; en région parisienne, il existe un « juge-directeur ») ;

– et sous réserve des dispositions relatives aux assemblées générales (art. R. 222-10 à 38 COJ ; v. par identité de motifs, v. p. 25).

C – Compétence

Évolution : extension constante des attributions du tribunal d'instance, même s'il demeure techniquement une juridiction d'exception. La juridiction de proximité l'a soulagé du plus petit contentieux en 2003 ; sa suppression en 2017 va le lui restituer.

1. Attributions juridictionnelles

• Le tribunal d'instance a compétence générale pour statuer sur les actions personnelles ou mobilières (ex. : demandes en paiement) :

– en dernier ressort jusqu'à 4 000 € (sous réserve de celles confiées à la juridiction de proximité : v. p. 29) ;

– à charge d'appel entre 4 001 € et 10 000 €.

À noter toutefois que le projet de loi sur la justice du 21e siècle devrait retrancher la réparation du dommage corporel.

• Au côté de cette compétence traditionnelle qui concerne les petits litiges civils, existe une compétence spéciale très diversifiée, ainsi notamment :

– actions en bornage ;

– actions relatives aux distances des plantations ;

– contentieux des baux d'habitation et autres contrats portant sur l'occupation d'un logement ;

– contentieux du crédit à la consommation ;

– contentieux électoral social… ;

– contentieux relatif aux conditions des funérailles…

Remarques :

1. Dans les limites de la compétence du tribunal, le juge peut rendre des ordonnances :

– de référé en cas d'urgence ;

– sur requête unilatérale.

2. Le juge d'instance peut rendre des ordonnances d'injonction de payer, quel que soit le montant de la créance (art. 1405 s. C. pr. civ.) ou d'injonction de faire, mais uniquement lorsque la valeur de la prestation réclamée n'excède pas son taux de compétence (art. 1425-1 s. C. pr. civ.).

2. Attributions extrajudiciaires

• Présidence du conseil de famille d'un majeur en tutelle (depuis 2009, le juge d'instance a perdu la tutelle des mineurs au bénéfice du juge aux affaires familiales).

• Apposition et levée des scellés (un projet actuel pourrait transférer cette attribution aux huissiers).

• Établissement des actes de notoriété (un projet actuel pourrait transférer cette attribution aux notaires)…

D – Attributions personnelles des juges

Le juge d'instance préside :

• le tribunal paritaire des baux ruraux (de manière systématique) ;

• le conseil de prud'hommes (uniquement en cas de partage des voix : il est alors juge départiteur).

Il supplée la juridiction de proximité :

• en l'absence de juge de proximité (art. L. 232-2 COJ) ;

• si, se heurtant à une difficulté juridique sérieuse sur l'application d'une règle de droit ou l'interprétation d'un contrat liant les parties, le juge de proximité lui renvoie l'affaire (art. L. 231-5 COJ).

II – La juridiction de proximité

Origine : loi du 9 septembre 2002 et décret du 23 juin 2003.

Principe : une grande ressemblance avec le tribunal d'instance :

• juridiction d'exception ;

• juge unique ;

• même procédure simple, laissant place à la conciliation.

Mais le juge de proximité, issu de la société civile, n'est pas un magistrat de carrière ; il n'exerce que temporairement une « part limitée » des fonctions des magistrats des juridictions judiciaires de première instance (v. p. 77).

Suppression : dans un souci de simplification, le rapport Guinchard a proposé de supprimer la juridiction de proximité, sauf à conserver les juges de proximité pour les redéployer dans d'autres fonctions. La loi du 13 décembre 2011 a donc prévu la suppression de la juridiction de proximité pour le 1er janvier 2013 ; l'échéance a été reportée au 1er janvier 2015, puis au 1er janvier 2017. Un report au 1er juillet 2017 est déjà annoncé.

A – Organisation

• Création par décret en Conseil d'État ;

• le juge de proximité est installé par le juge d'instance du ressort ;

• le greffe est celui du tribunal d'instance du ressort ;

• des audiences foraines sont possibles.

B – Fonctionnement

• Activités juridictionnelles :
– audience à juge unique ;
– application de la procédure d'instance.

• Administration du tribunal :
– rapport annuel adressé au juge d'instance du ressort et présenté oralement à l'assemblée générale du tribunal d'instance ;
– en cas de pluralité de juges (« au moins trois »), tenue d'assemblées générales propres à la juridiction de proximité sous la présidence du juge d'instance.

C – Compétence

Actions personnelles ou mobilières jusqu'à la valeur de 4 000 € ou d'une valeur indéterminée mais ayant pour origine l'exécution d'une obligation dont le montant ne dépasse pas 4 000 €.

Remarques :

• la juridiction de proximité statue donc toujours en dernier ressort, ce qui n'est pas sans risque lorsque ce juge est médiocre juriste ;

• elle peut statuer dans les limites susdites par injonction de payer ou injonction de faire ;

• elle peut d'office ou à la demande de l'une des parties renvoyer l'affaire au juge d'instance en cas de difficulté juridique sérieuse portant sur l'application d'une règle de droit ou l'interprétation d'un contrat liant les parties.

Section 2 – Le contentieux spécialisé

Les juridictions spécialisées sont toutes des juridictions d'exception. Leur nombre va croissant.

Remarque : le juge des enfants dispose d'une compétence à la fois civile et pénale, mais le tribunal pour enfants et la cour d'assises des mineurs sont des juridictions pénales. Les juridictions pour mineurs seront donc globalement traitées au sein de la section 2 du chapitre 2.

§ 1 – Les juridictions à composition monolithique

I – Le tribunal de commerce

Origine : les juridictions consulaires de l'Ancien Régime, épargnées par la Révolution, en raison de leur composition élective (v. p. 11).

A – Composition

Juridiction collégiale, composée exclusivement de commerçants élus par leurs pairs. Le statut de juge consulaire présente plusieurs caractéristiques :

1. Bénévolat

Ces fonctions sont entièrement bénévoles.

2. Serment

Les magistrats consulaires prêtent le serment des magistrats judiciaires.

3. Commission nationale de discipline

Depuis la réforme de 1987, ils relèvent d'une commission nationale de discipline (art. L. 724-2 s. C. com.) que les justiciables devraient pouvoir prochainement saisir directement selon le projet actuellement soumis au Parlement.

• Les juges sont élus pour 4 ans (sauf leur premier mandat : 2 ans) et sont rééligibles à concurrence maxima de 14 années. Une limite d'âge de 75 ans devrait prochainement être posée. L'élection se fait à deux degrés :

– les commerçants élisent les membres des chambres de commerce et d'industrie et les délégués consulaires ;

– qui eux-mêmes élisent les juges.

Sont éligibles les commerçants ou cadres électeurs des délégués consulaires, ayant au moins 30 ans d'âge et justifiant depuis au moins 5 ans d'une immatriculation au registre du commerce ou d'un mandat social précisé par la loi.

• Les juges élisent à leur tour le président qui est élu pour 4 ans et n'est pas rééligible. Celui-ci doit avoir été juge au moins 6 ans.

B – Attribution

Le contentieux commercial (litiges entre commerçants ou à propos des actes de commerce), en ce compris les procédures collectives de paiement à l'encontre des commerçants, personnes physiques ou morales. Une extension de compétence aux artisans devrait résulter de l'adoption du projet de loi sur la justice du 21e siècle.

À noter : la compétence juridictionnelle particulière de certains magistrats :

• du président du tribunal qui dispose, dans la limite des compétences du tribunal lui-même, de pouvoirs juridictionnels propres, rendant :
– des ordonnances sur requête (par ex. injonctions de payer),
– des ordonnances de référé (par ex. allocation d'une provision, désignation d'un expert...) ;

• du juge-commissaire nommé dans chaque procédure collective pour veiller à son déroulement rapide et à la préservation des intérêts en présence.

C – Évolution

1. Une double controverse

• La controverse technique, elle est ancienne :
– les juges ne connaissent que leur spécialité ;
– ont-ils une connaissance suffisante du droit et des exigences de la procédure ? ;
– *quid* s'ils doivent juger un de leurs concurrents ?

On pouvait la croire enterrée :
– attachement des milieux commerciaux à l'institution consulaire jugée globalement satisfaisante ;
– équilibre technique obtenu par le biais du retour du contentieux commercial dans le giron des juridictions ordinaires au second degré (v. p. 20).

Mais elle a ressurgi dans le sillage d'une critique plus récente.

• La controverse politique, elle est liée aux procédures collectives (« faillites »), en nombre sans cesse croissant, qui conduisent les tribunaux de commerce à statuer sur le sort des entreprises. Il leur a ainsi été reproché de préférer systématiquement les créanciers au détriment des salariés et de l'économie des localités ou régions concernées. Apaisée par les réformes de 1985, cette controverse a retrouvé aliment en 1997 à la suite de certains scandales largement relayés par les médias et toujours en lien avec l'application du droit du redressement ou de la liquidation judiciaire.

2. La fixation d'un compromis ?

L'échevinage est resté écarté par la loi du 16 juillet 1987 qui préserve l'allure générale de l'institution, l'État ne pouvant se passer du concours bénévole des juges consulaires !

Mais dans le sillage de la loi du 25 janvier 1985 relative au redressement ou à la liquidation judiciaire, tous les tribunaux de commerce ne sont plus également compétents en ce domaine et tous les magistrats consulaires ne sont plus susceptibles d'être nommés juges-commissaires. De plus, depuis 2006, le dossier peut être dépaysé lorsque les intérêts en présence le justifient (art. L 662-2 C. com.).

Un décret du 23 septembre 2005 a institué auprès du garde des Sceaux un Conseil national des tribunaux de commerce qui joue un rôle consultatif en matière de :

– formation et déontologie des juges consulaires ;
– organisation, fonctionnement et activité des tribunaux de commerce ;
– compétence et implantation de ces juridictions.

Le décret du 26 avril 2016 charge ce conseil d'élaborer un recueil des obligations déontologiques des juges consulaires. À cette fin un collège de déontologie est placé à ses côtés, tandis qu'un magistrat référent est prévu dans chaque cour d'appel pour répondre à toute demande d'avis sur une question déontologique.

3. Un compromis inachevé ?

La chancellerie avait présenté en mai 1999 un projet bouleversant l'institution. Des formations mixtes, présidées par des magistrats professionnels, auraient traité le contentieux touchant à l'ordre public économique, c'est-à-dire tout le contentieux important ou sensible (procédures collectives, litiges entre associés, litiges relatifs aux actes de commerce des non-commerçants...) ; les juges consulaires n'auraient donc conservé que le banal impayé entre commerçants. Même balancé par la perspective d'être invités à siéger au sein des chambres commerciales des cours d'appel, le projet n'avait pas convaincu les milieux consulaires qui avaient menacé de présenter une démission globale. Il a été abandonné. La loi de sauvegarde des entreprises du 26 juillet 2005 n'induit pas de bouleversements. La réforme de la carte judiciaire conforte même l'institution puisque les juridictions consulaires conservées ont absorbé les ressorts des tribunaux de grande instance statuant commercialement. Mais un nouveau rapport déposé fin 2013 a relancé la piste de l'échevinage au premier degré et en appel ! L'idée a été abandonnée au profit d'un renforcement des devoirs des juges consulaires en termes de formation, de déontologie et de discipline.

D – Fonctionnement

Création par décret en Conseil d'État qui détermine le ressort territorial et le siège du tribunal institué.

- **Sur le plan juridictionnel,** le tribunal :
  – peut être divisé en chambres ;
  – statue en formation collégiale et impaire (3 juges au moins) ;
  – après débats en audience publique ou, si un texte l'impose, en chambre du conseil ;
  – le ministère public (procureur du tribunal de grande instance du ressort) peut intervenir à l'audience (ex. : procédures collectives de paiement).
- **Sur le plan administratif,** partage d'attributions entre :
  – le président ;
  – et l'assemblée générale.

II – Le juge de l'expropriation

A – Composition

1. Juridiction à juge unique

Mais possibilité pour un même département de nommer plusieurs juges ; existence d'un coordonnateur, s'ils sont au moins trois.

2. Magistrat de carrière exclusivement

Le juge de l'expropriation est nommé pour 3 ans, renouvelables, par le Premier président de la cour d'appel parmi les magistrats du siège du tribunal de grande instance du chef-lieu du département.

Il s'agit donc d'un magistrat judiciaire, l'ordre judiciaire étant gardien traditionnel de la propriété privée.

B – Attributions

• Pour l'essentiel, fixation des indemnisations d'expropriation à défaut d'accord amiable ;

• mais extensions, par ex. :

– au contentieux du remembrement urbain (évaluation des parcelles, difficultés relatives au report des droits réels...) ;

– au contentieux des droits de préemption accordés par le Code de l'urbanisme (contestations relatives aux conditions financières de l'opération).

C – Fonctionnement

• Juridiction départementale, siégeant en principe au chef-lieu ;

• Secrétariat confié au greffe du tribunal de grande instance du siège de la juridiction.

• Pas de ministère public, mais un commissaire du gouvernement (le directeur départemental des domaines).

III – Le juge délégué aux victimes

Origine : Un décret du 15 novembre 2007 instituant dans chaque tribunal de grande instance un juge délégué aux victimes. Reçue par le barreau comme une manifestation de défiance envers les avocats qui assistent pourtant les victimes au quotidien, cette initiative « paternelle » de l'État, voulue pour son effet d'annonce, est essentiellement symbolique et formelle.

A – Attributions juridictionnelles : *nihil novi*

• Le juge délégué aux victimes prend la présidence de la commission d'indemnisation des victimes d'infractions (*infra*) ;

• il peut aussi présider l'audience correctionnelle « statuant après renvoi sur les seuls intérêts civils », dite souvent audience de liquidation (de dommages-intérêts).

NB : quoique les textes le concernant figurent au Code de procédure pénale, le juge délégué aux victimes peut bien être considéré comme un juge civil puisqu'il ne statue que sur les demandes de la victime.

B – Attributions non juridictionnelles

• Relais entre une victime d'infraction demeurant dans son ressort et l'institution judiciaire, il peut être saisi par la victime dont il transmet la demande au magistrat du siège ou du parquet territorialement compétent ; particulièrement il peut saisir le juge de l'application des peines, à la demande de la partie civile, si la sanction réparation tarde à venir, si l'obligation d'indemniser la victime prévue par une mesure d'aménagement n'est pas respectée ou n'a pas été prévue, s'il y a lieu d'ajouter une interdiction d'entrer en contact avec la victime... ; le procureur de la République en est informé. Lorsqu'il a pris sa décision, le juge de l'application des peines informe le juge délégué aux victimes sous un mois et celui-ci dispose de quinze jours pour aviser la victime.

• Le juge délégué aux victimes vérifie les conditions dans lesquelles les parties civiles sont informées de leurs droits à l'issue de l'audience ; il participe avec le tribunal à l'élaboration et la mise en œuvre d'une politique locale d'aide aux victimes et dresse un rapport annuel de son activité.

§ 2 – Les juridictions à composition mixte

I – Le conseil de prud'hommes

Origine : Issu de la loi du 18 mars 1806. Juridiction en extension qui a pour mission de concilier ou, à défaut, de juger les litiges individuels nés à l'occasion du travail.

A – Organisation

1. Implantation territoriale

• La loi du 18 janvier 1979 assure la généralisation des conseils de prud'hommes : au moins un par ressort du tribunal de grande instance. Souvent davantage « pour des raisons d'ordre géographique, économique et social » dans les régions à forte densité. Mais la loi du 30 décembre 1986 n'autorise qu'une seule section agricole par ressort de TGI et la réforme de la carte judiciaire initiée en 2007 a provoqué une réduction de ces juridictions.

• Création, suppression, fixation du siège et délimitation du ressort par décret en Conseil d'État.

2. Division en sections

• Division systématique de chaque conseil en cinq sections :
– encadrement ;
– commerce ;
– industrie ;
– agriculture (sous la réserve indiquée *supra*) ;
– activités diverses.

Remarque : tous les secteurs d'emploi sont ainsi couverts. La loi du 18 janvier 1979 a supprimé la compétence résiduelle ou concurrente des autres juridictions : tribunal de commerce pour les cadres, tribunal d'instance en l'absence de sections compétentes.

- Chaque section constitue une juridiction autonome.

3. Composition des sections

- Conseillers prud'hommes employeurs et conseillers prud'hommes salariés en nombre égal, selon un effectif fixé par décret pour chaque conseil.
- Membres élus pour cinq ans par leur collège respectif :
  - sont électeurs les personnes d'au moins 16 ans exerçant une activité professionnelle ;
  - sont éligibles sous condition de nationalité française les électeurs d'au moins 21 ans ou les personnes ayant été inscrites au moins trois ans sur les listes électorales, ayant cessé depuis moins de 10 ans leur activité.

NB : à compter du 1er février 2017, le système change : les conseillers seront nommés pour 4 ans par le garde des Sceaux et le ministre chargé du Travail sur proposition des organisations syndicales et professionnelles ; les sièges seront répartis entre ces organisations en fonction de leur audience respective par arrêté conjoint des deux ministres ; elles présenteront leur liste de candidats et les deux ministères vérifieront la recevabilité des candidatures (ordonnance du 31 mars 2016).

4. Présidence du conseil de prud'hommes

- Par alternance annuelle d'un conseiller employeur et d'un conseiller salarié ;
- si le président est employeur, le vice-président est salarié et inversement.

5. Statut des conseillers

Juges véritables devant exercer leur mission en toute impartialité, après prestation de serment. Ainsi :

- ils sont tenus de garder le secret des délibérés ;
- tout mandat impératif de leurs électeurs est prohibé à peine d'inéligibilité ou de déchéance.

Mais juges occasionnels exerçant par ailleurs leurs activités propres. Pour cette raison :

- les conseillers salariés sont protégés :
  - procédure particulière de licenciement ;
  - autorisation de siéger pendant leurs heures de travail (l'État rembourse partiellement l'employeur tenu de verser les salaires) ;
  - versement par l'État d'une indemnité de vacation s'ils siègent en dehors de leurs heures de travail ;
- les conseillers employeurs ont également droit à une indemnisation (double entre 8 et 18 h, période présumée consacrée à leurs affaires).

B – Compétence

1. Compétence d'attribution

Litiges, quel qu'en soit le montant :

• nés d'un contrat de travail ou d'apprentissage ;

• de nature individuelle.

2. Compétence territoriale

Règles impératives :

• en principe, lieu de l'établissement dans lequel le travail est effectué ;

• lieu du domicile du salarié si le travail est effectué en dehors de tout établissement ou à domicile.

Mais le salarié (seul) peut opter en ce cas pour :

– le lieu de l'engagement ;

– le lieu où l'employeur est établi.

C – Fonctionnement

L'ensemble des conseillers en assemblée générale désigne le président et le vice-président et élabore le règlement intérieur. Sur le plan du fonctionnement juridictionnel proprement dit, deux caractéristiques importantes :

1. Place faite à la parité

Principe : composition paritaire pour toutes les formations :

• conciliation : 1 employeur et 1 salarié ;

• jugement : 2 employeurs et 2 salariés ;

• référé : 1 employeur et 1 salarié.

Limites :

• la présidence du conseil de prud'hommes : c'est ici l'alternance qui prévaut par nécessité ;

• le partage de voix : le juge d'instance intervient alors comme juge départiteur. Compétence est donnée normalement au juge local, mais, pour assurer la spécialisation des juges départiteurs, le premier président peut désigner limitativement les juges d'instance du siège du tribunal de grande instance lorsqu'il y a pluralité de conseils de prud'hommes dans le ressort. À noter que le rapport Marshall déposé fin 2013 suggère, contre l'opposition des conseillers prud'hommes, d'instituer l'échevinage en matière sociale au premier degré et en appel.

2. Place faite à la conciliation

• Le préalable de conciliation est obligatoire : l'affaire est portée devant le bureau de conciliation et les parties doivent se présenter en personne. En cas d'échec, l'affaire est renvoyée devant le bureau de jugement.

• Pour éviter le retard découlant de cette procédure à double détente :

– le bureau de conciliation peut déjà prendre des décisions au fond : ex. octroi d'une provision sur salaire, condamnation de l'employeur à la délivrance des fiches de paie,

– la loi organise une procédure de référé : la formation de référé est commune à toutes les sections et comprend un employeur et un salarié désignés pour l'année par l'assemblée générale.

II – Le tribunal paritaire des baux ruraux

Origine : Juridiction plus récente dont l'origine remonte à la libération : existence à cette époque d'un tribunal paritaire cantonal avec appel devant un tribunal paritaire d'arrondissement. Le décret du 22 septembre 1958 n'a maintenu qu'une seule juridiction, l'appel étant rétabli devant la cour d'appel.

A – Organisation

• Près de chaque tribunal d'instance.

• Présidence du juge d'instance.

• Participation de quatre assesseurs élus (échevinage) : deux représentants des bailleurs et deux représentants des preneurs (d'où l'expression « paritaire ») :
– élections par collèges distincts ;
– mandat d'une durée de 5 ans.

B – Attributions

• Litige entre un propriétaire d'immeuble rural et son fermier ou son métayer. Mais le tribunal paritaire est incompétent pour trancher les difficultés préalables de qualification du contrat.

• Compétence territoriale du tribunal de la situation de l'immeuble.

C – Fonctionnement

• Uniquement par sessions en fonction des besoins.

• Deux sections peuvent exister : baux à ferme et baux à métayage. Mais l'une peut suppléer l'autre. En cas d'impossibilité de réunir le tribunal au complet, le président statue seul, après avoir pris l'avis des assesseurs présents.

• Le président exerce également les pouvoirs de juge des référés.

III – Le tribunal des affaires de sécurité sociale

Origine : Régis par le Code de sécurité sociale du 21 décembre 1985 (art. L. 142-1 s.), ils ont succédé aux anciennes commissions dites de première instance dont l'origine remontait à l'organisation de la Sécurité sociale en 1945. Le décret du 22 décembre 1958 a également simplifié le contentieux en supprimant, au profit des cours d'appels, les commissions régionales d'appel. L'adoption du projet de loi sur la justice du 21e siècle pourrait marquer la disparition de ces juridictions absorbées par certains tribunaux de grande instance spécialement désignés ; concrètement cependant la formation de jugement conserverait une composition analogue à celle décrite ci-après.

A – Attribution

Le contentieux « général » : difficultés d'ordre juridique : assujettissement, droit aux prestations, cotisations.

B – Fonctionnement

• Le tribunal est présidé par un magistrat du siège du tribunal de grande instance du ressort ou un magistrat honoraire désigné par le Premier président de la cour d'appel ;

• entouré paritairement de deux assesseurs représentant à égalité :
– le collège des salariés,
– le collège des employeurs et travailleurs indépendants ;

• non pas élus, mais désignés par le premier président de la cour d'appel à partir de listes dressées sur présentation des organisations professionnelles les plus représentatives.

IV – Le tribunal du contentieux de l'incapacité

Origine : Régis par les art. L. 143-1 s. du Code de la Sécurité sociale, ils ont succédé aux anciennes commissions techniques dont l'origine remontait également à l'organisation de la Sécurité sociale en 1945. Le projet de loi sur la justice du 21ᵉ siècle leur réserve un sort similaire à celui des TASS : ils devraient disparaître tout comme la Cour nationale de l'incapacité au bénéfice respectif de tribunaux de grande instance et de cours d'appel spécialement désignés.

A – Attribution

Le contentieux « technique » : difficultés d'ordre médical : invalidité, incapacité de travail, inaptitude.

B – Fonctionnement

• Composés paritairement d'un représentant des employeurs ou travailleurs indépendants et d'un représentant des salariés, siégeant sous la présidence d'un magistrat honoraire ou d'une personnalité qualifiée.

• Appel possible devant la Cour nationale de l'incapacité et de la tarification de l'assurance des accidents du travail (ex-commission nationale technique).

V – La commission d'indemnisation de certaines victimes d'infractions

Origine : Instituée par la loi du 8 juillet 1983 complétant les lois des 3 janvier 1977 et 2 février 1981 (art. 706-3 s. C. pr. pén.).

A – Composition

• Instituée dans le ressort de chaque tribunal de grande instance.

• Composée de 3 membres désignés pour trois ans par l'assemblée générale des magistrats du siège du tribunal de grande instance, à raison de :
– 2 magistrats du siège dudit tribunal (dont le juge délégué aux victimes qui assure dorénavant la présidence de la commission) ;
– 1 membre extérieur devant être une personne majeure, de nationalité française et jouissant de ses droits civiques, s'étant signalée par l'intérêt qu'elle porte aux problèmes des victimes.

• Ministère public assuré par le parquet du tribunal de grande instance.

B - Fonctionnement

• Octroi d'une indemnité à certaines victimes d'infractions. La loi du 6 juillet 1990 a posé le principe d'une réparation intégrale des dommages corporels graves et assoupli les conditions à réunir. Les faits :

- doivent avoir entraîné la mort, une incapacité permanente ou une simple incapacité totale de travail pendant au moins un mois,
- ou répondre à certaines incriminations sexuelles (art. 222-22 s., 227-25 s. C. pén.),
- et ne pas donner lieu à réparation au titre des législations protectrices spécifiquement élaborées en matière de terrorisme, chasse ou circulation automobile.

Depuis la loi du 6 juillet 1990, une indemnisation plafonnée est également prévue pour certaines victimes d'infractions contre les biens (art. 706-14 C. pr. pén.).

NB : une indemnité provisionnelle peut être accordée par le président de la commission (art. 706-6).

• Condamnation à remboursement total ou partiel lorsque, postérieurement au versement de l'indemnité, la victime obtient, à un titre quelconque, la réparation ou une indemnisation effective de son préjudice.

Chapitre 2
Les juridictions pénales de première instance

L'essentiel

Évitant la notion de juridiction d'exception qui a pris en cette matière une connotation péjorative, on préférera distinguer, comme l'ancienne version du Code de l'organisation judiciaire, juridictions de droit commun et juridictions spécialisées. Le contentieux pénal de droit commun est partagé, selon la nature de l'infraction, entre cour d'assises pour les crimes, tribunal correctionnel pour les délits, tribunal de police ou juridiction de proximité pour les contraventions ; mais il s'agit là de juridictions de jugement ; il faut en amont faire place aux juridictions d'instruction. Par ailleurs, des juridictions spécialisées sont prévues pour juger la délinquance juvénile, les infractions maritimes ou encore le président de la république ou les ministres dans l'exercice de leurs fonctions.

Section 1 – Les juridictions de droit commun

Remarque : importance essentielle en cette matière de l'établissement de la vérité et donc de mesures telles que : auditions et confrontations, perquisitions, recherche d'indices matériels… d'où la possibilité d'isoler l'instruction dite « préparatoire » comme une phase particulière du procès pénal, jusqu'ici confiée à une juridiction autonome, distincte de la juridiction de jugement : la juridiction d'instruction.

Un projet de réforme de la procédure pénale voulait rompre avec cette tradition : l'enquête aurait été faite par le parquet lui-même sauf à prévoir simplement un contrôle juridictionnel par un juge, voire un tribunal de l'enquête et des libertés. En 1990 déjà la commission Delmas-Marty avait préconisé de remplacer le juge d'instruction par le juge de « l' » instruction. Très controversé, ce projet a été remisé.

§ 1 – Les juridictions d'instruction

Elles correspondent au premier degré au juge d'instruction flanqué depuis 2000 du juge des libertés et de la détention.

I – Le juge d'instruction

A – Désignation des juges d'instruction

- Par décret du président de la République pour 3 ans renouvelables.
- Parmi les juges du tribunal de grande instance.

Remarques :

- Le juge d'instruction est donc un magistrat du siège, bénéficiant de la garantie d'inamovibilité.

• Tout tribunal de grande instance a au moins un juge d'instruction. Un grand tribunal de grande instance peut en avoir plusieurs (dont le « doyen »), mais chacun constitue en principe à lui seul une juridiction à juge unique.

• Dans un petit tribunal de grande instance, le juge d'instruction peut cumuler ses fonctions avec celles de simple juge, assesseur aux audiences civiles et même correctionnelles (mais il ne peut juger, en ce cas, que les dossiers qu'il n'a pas lui-même instruits).

B – Saisine des juges d'instruction

• Obligatoire pour les crimes ;

• facultative pour les délits et contraventions (mais rare en ce dernier cas) ;

• sur réquisitoire introductif du parquet ou plainte avec constitution de partie civile de la victime.

C – Rôle du juge d'instruction

Principe : rôle considérable (« homme le plus puissant » en France !) et lourd (pourtant fréquemment confié à de jeunes magistrats sur premier poste), objet d'un perpétuel débat : faut-il ou non le laisser juge de l'incarcération provisoire des personnes ? La loi du 15 juin 2000 l'a dessaisi au bénéfice du juge des libertés et de la détention. L'affaire dite « d'Outreau » a invité à aller plus loin ; pour rompre avec la solitude du juge d'instruction dans les petits tribunaux de grande instance, la loi du 5 mars 2007 a souhaité instaurer une collégialité de l'instruction, mais ne pouvant faute de moyens l'établir aussitôt dans toutes les juridictions, elle a simplement créé dans les juridictions les plus importantes des pôles d'instruction systématiquement compétents pour toute affaire criminelle ainsi que pour les affaires correctionnelles dont la gravité ou la complexité justifie une cosaisine ; là où il n'y a pas de pôle, le juge d'instruction local ne conserve que les dossiers simples. Une étape supplémentaire devrait être franchie avec l'adoption du projet de loi sur la justice du 21e siècle puisque les juges d'instruction devraient purement et simplement disparaître en dehors des pôles, mais, toujours faute de moyens, la collégialité ne serait pas systématique : seules les décisions essentielles seraient prises par une formation de 3 juges sur demande d'une des parties ou du procureur ou à l'initiative de l'un des juges d'instruction.

Double aspect de sa mission :

1. Mission d'information

Principe : le juge d'instruction recherche la vérité, même favorable à la personne mise en examen : il instruit « à charge et à décharge ».

Moyens d'investigations :

• descente sur les lieux, interrogatoire, confrontation, saisie, expertise… ;

• le juge peut confier des commissions rogatoires à des officiers de police judiciaire ou à des collègues hors de son ressort ;

• le juge peut décerner des mandats :
– mandat de comparution : ordre de se présenter devant lui,
– mandat d'amener : ordre d'arrestation en vue d'une présentation à son cabinet,
– mandat d'arrêt : ordre d'arrestation (recherche) et de détention en maison d'arrêt.

2. Mission juridictionnelle

Principe : le magistrat instructeur n'est pas seulement un informateur ; il est aussi un juge. En cette qualité, il rend des ordonnances.

Manifestations du pouvoir juridictionnel du juge d'instruction :

• placement de la personne mise en examen sous contrôle judiciaire dans l'intérêt de l'enquête ou pour éviter la récidive, puis modification ou mainlevée du contrôle ;

• en fin d'instruction, ordonnance de règlement :
- soit ordonnance de mise en accusation devant la cour d'assises ou de renvoi devant le tribunal correctionnel ou de police,
- soit ordonnance de non-lieu, s'il estime les charges insuffisantes.

II – L'intervention du juge des libertés et de la détention

Origine : loi du 15 juin 2000.

Attributions : magistrat du siège du tribunal de grande instance, ayant rang de président, premier vice-président ou vice-président, celui-ci peut seul désormais ordonner ou prolonger une détention provisoire ou statuer sur une demande de mise en liberté. Il peut aussi ordonner un contrôle judiciaire.

Il peut décerner un mandat de dépôt : ordre donné au chef d'un établissement pénitentiaire de recevoir et détenir la personne mise en détention provisoire.

Il ne peut juger ultérieurement au fond du dossier.

Afin de conférer à ce juge le statut de magistrat spécialisé et d'éviter tout changement d'affectation arbitraire, l'actuel projet de loi organique soumis au Conseil constitutionnel devrait prévoir sa désignation par décret du président de la République.

§ 2 – Les juridictions de jugement

Principe : structure traditionnellement tripartite conforme à la classification tripartite des infractions : crimes, délits, contraventions. Toutefois, depuis le 15 septembre 2003, la matière des contraventions s'est trouvée éclatée entre le tribunal de police et la juridiction de proximité qui disparaîtra le 1er janvier 2017.

I – La cour d'assises

• Juridiction compétente pour les crimes (ainsi que délits ou contraventions connexes) ;

• Une cour d'assises par département ;

• Juridiction totalement originale :

A – Composition

Mixte (échevinage) :

• 3 magistrats de carrière dont le président (qui a au moins rang de conseiller de cour d'appel) : ils forment « la cour » ;

• 6 et non plus 9 jurés « populaires » tirés au sort et formant « le jury » depuis le 1er janvier 2012 (9 et non plus 12 si la cour est saisie en appel).

• Désignation en trois temps :

– à partir des listes électorales, tirage au sort d'une liste départementale annuelle ;

– à partir de cette dernière, tirage au sort d'une liste de session ;

– à partir de cette dernière et pour chaque affaire inscrite, tirage des 6 ou 9 jurés.

NB : un droit de récusation (discrétionnaire) est accordé à la défense (4 jurés au maximum, 5 en appel) et à l'accusation (3 jurés au maximum, 4 en appel).

• Existence d'incompatibilités ou d'incapacités : le tri est fait à partir de la liste départementale avant tirage de la liste de session.

• Obligation pour les jurés tirés au sort d'être présents à la session à peine d'amende (sauf excuse admise par le président).

• En contrepartie versement par l'État d'une (faible) indemnité journalière.

• Depuis 1941, la cour et le jury délibèrent ensemble, à la majorité qualifiée (6 voix au moins pour toute décision défavorable à l'accusé, 8 en appel), mais en cas de condamnation, l'audience civile en fixation des réparations dues à la partie civile se tient devant la cour seule.

B - Fonctionnement

• Juridiction non permanente ;

• Siégeant par sessions trimestrielles de 15 jours au plus (d'où dans les ressorts à forte criminalité, l'organisation de sessions « complémentaires ») ;

• Recours ouverts contre ses arrêts :

– Longtemps exclu, l'appel est possible depuis le 1er janvier 2001 devant une autre cour d'assises désignée par la chambre criminelle de la Cour de cassation. Le procureur général peut faire appel, y compris des arrêts d'acquittement (L. 4 mars 2002). L'appel peut donc aggraver la situation de l'accusé.

– Le pourvoi en cassation qui vise, non pas la réformation au fond, mais l'annulation pour erreur de droit, a toujours été admis, mais un arrêt d'acquittement ne peut être cassé que dans l'intérêt de la loi (cassation théorique ne nuisant pas à l'acquitté).

NB : la loi du 10 août 2011 prévoit depuis le 1er janvier 2012 la motivation des arrêts d'assises par le président ou le magistrat désigné par lui. Cette motivation énonce, en cas de condamnation, les principaux éléments à charge qui ont convaincu la cour ; elle est relue et signée par un juré.

II - Le tribunal correctionnel

Émanation pénale du tribunal de grande instance :

• même personnel (dans les petits tribunaux, le président et ses deux assesseurs tiennent alternativement l'audience civile et l'audience correctionnelle) ;

• même siège et même ressort ;

• même structure : juridiction collégiale (dans les grands tribunaux, existence d'une ou plusieurs « chambres correctionnelles »).

NB : par souci d'économie des moyens, le tribunal correctionnel peut statuer à juge unique pour un nombre croissant d'infractions (délits de chèques, délits routiers, délits de chasse…). La liste s'étend progressivement (v. art. 398-1 C. pr. pén.).

Inversement lorsqu'il statuait sur des délits graves listés à l'art. 399-2 C. pr. pén. (atteintes à la personne passibles d'au moins 5 ans d'emprisonnement, vol ou extorsion avec violence…), la loi du 10 août 2011 entendait que le tribunal siège « en formation citoyenne », les 3 magistrats s'adjoignant 2 « citoyens assesseurs » désignés comme les jurés à partir des listes électorales ; mais l'expérimentation de ce dispositif dans les ressorts des cours d'appel de Toulouse et Dijon a été stoppée au 30 avril 2013 ; la loi reste donc, sur ce point, lettre morte.

Compétence : réservée aux délits (et contraventions connexes) ; à noter, depuis la loi du 6 août 1975, la compétence exclusive d'un tribunal correctionnel par ressort de cour d'appel pour certaines infractions économiques et financières.

III – Le tribunal de police

Émanation pénale du tribunal d'instance :

• même personnel (le juge d'instance dans les petits tribunaux siège alternativement en audience civile ou de police) ;

• même siège et même ressort ;

• même structure : juridiction à juge unique.

Compétence réservée aux contraventions.

NB : le ministère public est représenté par le procureur de la République près le tribunal de grande instance dont relève le tribunal d'instance pour les contraventions de 5e classe. Pour les contraventions moins importantes, c'est le commissaire de police du siège du tribunal qui exerce les fonctions de ministère public.

Le projet de loi sur la justice du 21e siècle envisage de recentrer le juge d'instance sur le contentieux civil ; compétence serait donnée à un juge du tribunal de grande instance pour réprimer les contraventions.

IV – La juridiction de proximité

Doublon du tribunal de police, elle le décharge des petites contraventions appartenant aux quatre premières classes (art. 521 COJ), telles que menaces de violences, tapage nocturne, divagation d'animaux, dégradations légères, mauvais traitement envers les animaux…

Plusieurs fois reportée, la disparition de cette juridiction est prévue au 1er janvier 2017.

Section 2 – Les juridictions spécialisées

Éléments du débat :

1. Nécessité pour certains contentieux spécialisés de prévoir des compétences particulières : par exemple délinquance juvénile.

2. Risque de dérapage, dans la mesure où les juridictions à compétences spécialisées peuvent sortir de la « norme » tant pour leur composition que pour la procédure applicable devant elles.

3. Risque aussi d'incompréhension de l'opinion publique (impression d'un « privilège de juridiction ») : *cf.* le débat sur la responsabilité pénale des ministres : doit-elle relever d'une juridiction spécifique ou d'une juridiction de droit commun ?

4. Mouvement global de réduction des juridictions spécialisées depuis 1981 :
- suppression de la cour de sûreté de l'État (L. 4 août 1981),
- suppression des tribunaux permanents des forces armées en temps de paix (L. 21 juill. 1982).

5. Toutefois, et par nécessité, maintien de certaines spécificités :

• par adaptation des juridictions ordinaires :
- des règles particulières précisent la « composition spéciale » des tribunaux correctionnels et cours d'assises à l'égard des infractions militaires et certaines infractions contre la sûreté de l'État (art. 702 C. pr. pén.) ;
- les cours d'assises jugeant les dossiers de terrorisme sont uniquement composées de sept magistrats professionnels (L. 9 sept. 1986) ; il en va de même pour les trafics de stupéfiants (L. 16 déc. 1992).

• par institution de juridictions particulières : Cour de justice de la République en 1993 (v. p. 48).

§ 1 – Les juridictions pour mineurs

Origine : loi du 22 juillet 1912 créant les tribunaux pour enfants et adolescents, puis ordonnance du 21 février 1945 et loi du 24 mai 1951. Une réforme est intervenue avec la loi du 10 août 2011.

Justification :

• caractère spécifique de la délinquance juvénile ;

• particularité du droit pénal des mineurs (irresponsables jusqu'à 13 ans, puis susceptibles de dispositions pénales avec excuse obligatoire de minorité jusqu'à 16 ans et excuse facultative au-delà).

Principe :

• appel à un personnel spécialisé ;

• publicité nulle ou restreinte.

I – Le juge des enfants

A – Désignation

• Magistrat du tribunal de grande instance du siège du tribunal pour enfants ;

• désigné pour 3 ans renouvelables ;

• en fonction de ses aptitudes et de l'intérêt qu'il porte à l'enfance.

B – Attributions

1. Compétence pénale

• Crimes (sauf si le mineur est âgé de plus de 16 ans), délits et contraventions de 5ᵉ classe (les contraventions des 4 premières classes relèvent du juge de police ou du juge de proximité) sauf délits punis d'au moins 3 années d'emprisonnement commis en récidive par un mineur âgé de plus de 16 ans ;

NB : le juge des enfants :
– instruit lui-même les dossiers qu'il jugera ensuite (sauf crimes),
– décide s'il les juge seul ou les renvoie devant le tribunal pour enfants qu'il préside.

• Il ne peut seul placer en internat ou prononcer de peine. Ses pouvoirs se limitent à ordonner des mesures de rééducation.

2. Compétence civile

• Mesures d'assistance éducative (art. 375 s. C. civ.) ;

• Tutelle aux prestations sociales (art. R. 167-3 CSS).

3. Autres compétences

• Surveillance des établissements accueillant des mineurs ;

• Juge de l'application des peines pour les mineurs sanctionnés pénalement.

II – Le tribunal pour enfants

A – Composition

Juridiction collégiale composée de trois personnes :

• le juge des enfants ;

• deux assesseurs, magistrats non professionnels, choisis à raison de l'intérêt qu'ils portent à l'enfance :
– par arrêté du ministre de la Justice, pour 4 ans,
– sur une liste de candidats établie par le Premier président de la cour d'appel.
Désignation de titulaires et de suppléants.
Une indemnité est prévue.

B – Attributions

• Même compétence pénale que le juge des enfants ;

• mais à la différence de ce dernier, le tribunal peut prononcer de véritables peines ;

• le tribunal pour enfants est incompétent pour juger les coauteurs ou complices majeurs.

C – Fonctionnement

• L'audition des parents est prévue ; s'ils ne répondent pas à la convocation, ils peuvent être contraints à comparaître, obligés à suivre un stage de responsabilité parentale ou condamnés à une amende ;

• la publicité des débats est réduite sauf si, devenu majeur au jour de son jugement, le mineur demande la publicité ;

• ressort fixé par décret, au moins un tribunal pour enfants par département (mais par ex. 6 dans le Nord).

III – Le tribunal correctionnel pour mineurs

Créé par la loi du 10 août 2011, il existe depuis le 1er janvier 2012 dans chaque tribunal de grande instance siège d'un tribunal pour enfants pour être, par sa plus grande solennité, le signe à l'égard de mineurs ancrés dans la délinquance d'une justice qui s'adapte à leur évolution. Pour le Conseil constitutionnel, il n'est pas une « juridiction spécialisée » ; la loi le considère à tout le moins comme une « formation spécialisée » du tribunal correctionnel. Il devrait prochainement disparaître avec l'adoption du projet de loi sur la justice du 21e siècle.

A – Composition

• Un juge des enfants, président ;

• deux assesseurs magistrats ;

• éventuellement, aux conditions prévues pour le tribunal correctionnel des majeurs en « formation citoyenne » (v. p. 44), deux citoyens assesseurs ; disposition devenue théorique puisque l'expérience des citoyens assesseurs a été stoppée.

B – Attributions

• Jugement des délits punis d'au moins 3 ans d'emprisonnement et commis en état de récidive légale alors que le mineur a plus de 16 ans ;

• comme le tribunal pour enfants, il peut prononcer des mesures éducatives ou des peines véritables ;

• à la différence du tribunal pour enfants, il peut juger les coauteurs ou complices majeurs.

C – Fonctionnement

Procédure analogue à celle suivie devant le tribunal pour enfants.

IV – La cour d'assises des mineurs

A – Composition

Identique à celle des cours d'assises ordinaires, sauf à noter :

• au siège, le choix des assesseurs parmi les juges des enfants du ressort ;

• au parquet, la présence d'un magistrat spécialement chargé des affaires des mineurs.

B – Compétence

Crimes commis par les mineurs de 16 à 18 ans, avec possibilité (facultative) de juger les complices ou coauteurs majeurs.

C – Fonctionnement

Particularité : publicité restreinte des débats.

§ 2 – Les autres juridictions spécialisées

Rappel : catégorie résiduelle du fait des réformes réalisées à partir de 1981.

I – La Haute Cour

Origine : Soucieuse de mieux définir le statut judiciaire du chef de l'État, la loi constitutionnelle du 23 février 2007 a remplacé la « Haute Cour de justice » par une « Haute cour » ; son fonctionnement est régi par la loi organique du 24 novembre 2014.

A – Composition

Uniquement parlementaire : députés et sénateurs, sous la présidence du président de l'Assemblée nationale. Le Bureau de la Haute Cour est lui-même composé de vingt-deux membres désignés, en leur sein et en nombre égal, par le bureau de l'Assemblée nationale et par celui du Sénat, en s'efforçant de reproduire la configuration politique de chaque assemblée.

B – Attribution

Alors que la Haute Cour de justice était compétente au seul cas de haute trahison du président de la République, la Haute Cour peut examiner sa destitution pour tout manquement à ses devoirs manifestement incompatible avec l'exercice de son mandat. En contrepartie, aucune action ou acte quelconque de poursuite ne peut être dirigé contre le chef de l'État durant son mandat. Les actions peuvent être reprises ou engagées un mois après la fin de ses fonctions.

C – Fonctionnement

La mise en accusation est initiée par une résolution des deux assemblées.

La commission d'instruction (comprenant six vice-présidents de l'Assemblée nationale et de six vice-présidents du Sénat) est chargée de recueillir toute information nécessaire. Elle dispose des prérogatives reconnues aux commissions d'enquête parlementaires. Elle élabore un rapport qui est distribué aux membres de la Haute Cour, communiqué au président de la République et au Premier ministre et rendu public.

La Haute Cour est ensuite réunie, et statue sur la destitution dans un délai d'un mois. Les débats sont publics.

II – La Cour de justice de la République

Origine : Tout comme la Haute cour, il s'agit d'une juridiction politique instituée par la Constitution (art. 67 s.). Jusqu'en 1993 seule existait la Haute Cour de justice ; dans le souci de soumettre la responsabilité pénale des ministres à un régime plus judiciarisé la loi constitutionnelle du 27 juillet 1993 a fait apparaître la Cour de justice de la République.

A – Composition

Mixte, c'est-à-dire associant juges parlementaires et magistrats professionnels au nombre total de 15 titulaires (et autant de suppléants) :

- 6 députés et 6 sénateurs ;
- 3 magistrats hors hiérarchie du siège de la Cour de cassation dont l'un préside la Cour de justice.

Le parquet est emprunté à la Cour de cassation en la personne de son procureur général, du premier avocat général et de 2 avocats généraux.

B – Attribution

Tous crimes et délits commis par les ministres dans l'exercice de leurs fonctions (ils relevaient antérieurement de la Haute Cour de justice).

C – Fonctionnement

Le Parlement est totalement dessaisi en ce qui concerne la mise en mouvement de l'action publique. Celle-ci peut avoir deux origines :

• une initiative du procureur général près la Cour de cassation ;

• la plainte d'un particulier.

Pour éviter des plaintes intempestives, mise en place d'une commission des requêtes composée de 4 magistrats du siège de la Cour de cassation, 2 conseillers d'État et 2 conseillers-maîtres à la Cour des comptes :

- les plaintes des particuliers lui sont obligatoirement adressées pour classement ou transmission au procureur général ;
- en cas d'initiative d'office du procureur général, son avis conforme est nécessaire pour la saisine de la cour.

À noter lorsque la cour est saisie :

• l'intervention d'une commission d'instruction exclusivement composée de magistrats du siège de la Cour de cassation ;

• la limitation du débat à la seule action publique, la victime étant renvoyée à se pouvoir devant la juridiction civile ;

• l'ouverture du pourvoi en cassation devant l'assemblée plénière de la Cour de cassation.

III – Les tribunaux maritimes

Rétablis en 1939, en raison de la spécificité des infractions maritimes, sous l'appellation de tribunaux maritimes commerciaux, ils ont été réformés par ordonnance du 2 novembre 2012.

A – Composition

Le Code disciplinaire et pénal de la marine marchande avait prévu 5 membres :

• 1 juge de tribunal de grande instance, président ;

• l'administrateur des affaires maritimes ;

• 3 autres juges non professionnels ayant compétence en matière maritime (1 agent des affaires maritimes, 1 capitaine et 1 marin de grade en rapport avec celui du prévenu).

Cette composition a été déclarée non conforme à la Constitution par le Conseil constitutionnel en 2010 ; dorénavant ce tribunal est donc composé de 3 magistrats dont le président, tous désignés par le président du tribunal de grande instance auquel est rattaché le tribunal maritime ; s'y ajoutent 2 assesseurs maritimes choisis pour 5 ans à raison de leur compétence.

B – Attribution

Strictement pénale jusqu'à la réforme de 2012 qui a abrogé la disposition prévoyant l'irrecevabilité de l'action civile devant cette juridiction.

C – Compétence

Délits maritimes et contraventions connexes, et certaines infractions correctionnelles définies par le Code pénal (par ex. blessures par imprudence) lorsqu'elles sont connexes à un délit maritime.

Chapitre 3
Les juridictions supérieures

L'essentiel

Pas de bonne justice sans possibilité de recours et pas de bon recours sans juridictions supérieures pour en connaître.
*Les magistrats **plus anciens**, donc plus élevés en grade, sont présumés plus expérimentés.*
La règle du double degré de juridiction permet, sous réserve des petits litiges, de faire rejuger un dossier par une cour d'appel ; il en existe 36 en France.
La cour de cassation n'est pas un 3e degré de juridiction ; elle a vocation à censurer les erreurs juridiques commises par les juges du fond lorsqu'ils rendent une décision en dernier ressort. Juridiction unique, siégeant à Paris, elle permet de la sorte l'unification de la jurisprudence.

Section 1 – Les cours d'appel

Principes :

• Les cours d'appel sont les juridictions de droit commun.

• Elles constituent un deuxième degré de juridiction, c'est-à-dire qu'elles sont appelées à rejuger (dans la limite de l'appel) l'ensemble du litige : points de fait et points de droit.

§ 1 – Les attributions

I – En matière civile

A – Principe : la généralisation des compétences de la cour d'appel en 1958

1. Contenu de la réforme

Avant 1958, les appels des jugements des tribunaux paritaires cantonaux ou des commissions de première instance de sécurité sociale étaient respectivement portés devant le tribunal paritaire d'arrondissement ou la commission régionale. Les appels des jugements des justices de paix et des conseils de prud'hommes étaient portés devant le tribunal civil.

Depuis 1958, les cours d'appel sont juges du second degré pour l'ensemble du contentieux non répressif (sous la seule réserve qui devrait disparaître du contentieux « technique » de la Sécurité sociale ; v. p. 38).

2. Justification de la réforme

D'une part, compenser au second degré (magistrats de carrière exclusivement) les éventuelles insuffisances juridiques des magistrats du premier degré (magistrats occasionnels).

D'autre part, éviter l'encombrement des tribunaux civils.

3. Inconvénient de la réforme

L'encombrement des cours d'appel.

B – Limite : le taux d'appel

Principe : exclure l'appel pour les « petits litiges » jugés en « premier et dernier ressort ». Seul le pourvoi en cassation est possible.

Montant fixé par décret ; le chiffre peut varier selon les juridictions. Actuellement chiffre uniforme de 4 000 € pour le conseil de prud'hommes, le tribunal d'instance et le tribunal de commerce.

Quand la demande est indéterminée, l'appel est possible.

C – Cas particulier : la juridiction du premier président

Le Premier président de la cour d'appel dispose d'une juridiction propre :

• ordonnances sur requête : par ex. autorisation d'assigner à jour fixe ;

• ordonnances de référés : par ex. défenses à exécution provisoire, demandes de relevé de forclusion.

II – En matière pénale

A – Principe : les seules juridictions du second degré

Les cours d'appel sont également les seules juridictions du second degré.

1. Pour l'instruction

Existence d'une chambre spéciale : la chambre de l'instruction, composée de 3 magistrats :

• Attributions générales de la chambre de l'instruction :
  – elle est juge d'appel des ordonnances juridictionnelles du juge d'instruction ou du juge des libertés (ex. rejet d'une demande de mise en liberté) et contrôle les actes d'instruction (ex. régularité des interrogatoires). Dans ce cadre, elle peut refaire ou compléter elle-même l'instruction,
  – depuis le 1er janvier 2001, elle a cessé d'instruire systématiquement au second degré les dossiers criminels.

• Compétences spéciales : examen des demandes d'extradition, réhabilitation judiciaire, contentieux de l'amnistie, procédures disciplinaires contre les officiers de police judiciaire…

• Attributions propres du président : surveillance des cabinets d'instruction et des détentions provisoires ; visite des maisons d'arrêt ; « référé-liberté » (art. 187-1 C. pr. pén.).

2. Pour le jugement

• Chambre des appels correctionnels, composée de trois magistrats, compétente pour statuer sur l'appel des jugements correctionnels ou de police des tribunaux du ressort ; la « formation citoyenne » emportant adjonction de deux « citoyens assesseurs » aux conditions prévues pour le tribunal correctionnel est de fait abandonnée (v. p. 44).

• Chambre spéciale des mineurs, également composée de 3 magistrats, dont l'un « délégué à la protection de l'enfance » et compétente pour statuer sur l'appel des décisions du juge des enfants, du tribunal pour enfants ou du tribunal correctionnel pour mineurs.

B – Limites

• Décisions rendues en premier et dernier ressort et illustrant des *petits litiges* : infractions mineures et nombreuses risquant d'encombrer les cours d'appel. Le condamné ne peut donc appeler qu'à des conditions strictes tenant :

– à la peine encourue (1 500 € d'amende) ;
– à la peine prononcée (plus de 150 € d'amende ou suspension du permis de conduire) ;
– à l'existence d'une condamnation civile envers une victime.

• Décisions des cours d'assises : l'appel est porté devant une autre cour d'assises.

§ 2 – L'organisation

I – Création

• Création par décret en Conseil d'État. Actuellement 30 cours d'appel en France métropolitaine (la dernière ayant été créée à Versailles) et 6 cours d'appel outre-mer (la dernière venant d'être créée en Guyane) plus les tribunaux supérieurs d'appel de St-Pierre-et-Miquelon et de Mayotte.

• Ressort étendu sur un ou plusieurs départements.

• Siège correspondant généralement à une grande métropole régionale sauf raisons historiques (siège des anciens parlements : ex. Douai, Riom).

II – Composition

• **Magistrats de carrière uniquement**, occupant un rang déjà élevé de la hiérarchie et présentant une certaine expérience.

• **Nombre en rapport avec l'importance de la cour :**
– au siège : Premier président, présidents de chambre et conseillers ;
– au parquet : procureur général, avocats généraux, substituts généraux.

• **Importance des attributions des chefs de cour :**
– le Premier président et le procureur général sont chacun en ce qui le concerne, le premier magistrat de leur ressort : ils veillent non seulement à la bonne administration des services de la cour, mais inspectent également les juridictions ou parquets du

ressort : visites périodiques, rapports au garde des Sceaux… ; ils procèdent aux délégations nécessaires en cas de vacances d'emplois ou d'empêchements de magistrats perturbant le fonctionnement des juridictions du premier degré ; ils arrêtent le projet de juridiction et président ensemble le conseil de juridiction (art. R 312-84 et 85 COJ, décret du 26 avril 2016).

– outre ses attributions juridictionnelles propres (v. p. 52), le Premier président préside les chambres réunies et les assemblées de chambres, ainsi que toute chambre de la cour « quand il le juge convenable » ;

– le procureur général porte la parole aux audiences des chambres et aux audiences solennelles « lorsqu'il l'estime convenable ».

§ 3 – Le fonctionnement des cours d'appel

I – Les chambres

• Formations collégiales de trois magistrats composées en principe par roulement.

• Leur nombre est variable selon l'importance de la cour (74 à Paris réparties en 8 pôles). Mais il existe toujours :

– une chambre de l'instruction ;

– une chambre des appels correctionnels ;

– une chambre sociale.

II – Les audiences

• En principe publiques, sauf certaines matières (chambre de l'instruction, mineurs, état des personnes…).

• En principe collégiales, que l'audience soit ordinaire ou solennelle (par ex. renvoi de cassation, contentieux des élections des barreaux, recours contre les décisions des conseils de l'ordre…) : 3 magistrats au moins.

Évolution : apparition du juge unique par suite de l'encombrement des cours d'appel et du manque de magistrats : ex. possibilité de plaider devant le conseiller de la mise en état ou le magistrat rapporteur (v. p. 21).

III – Les formations spéciales

• L'assemblée des chambres : elle réunit habituellement les deux premières chambres : réception du serment des nouveaux magistrats, installation des nouveaux membres de la cour… ;

• Les chambres réunies : un décret de décembre 2014 permet de réunir deux chambres sous la présidence du premier président pour des dossiers complexes ou rencontrant une divergence de jurisprudence ;

• L'assemblée générale : attributions essentiellement administratives : administration générale de la cour, établissement des listes d'experts, consultation sur des projets de loi…

Section 2 – La cour de cassation

Principes :

• Juridiction unique, siégeant à Paris ;

• Sommet de la pyramide judiciaire.

§ 1 – Le rôle de la Cour de cassation

I – Le rôle général

Mission double, entièrement originale.

A – Préserver la légalité

Idées générales :

• la Cour de cassation est juge du droit et non du fait ;

• elle n'aborde pas le fond de l'affaire ; elle n'est donc pas un troisième degré de juridiction ;

• elle se borne à contrôler la rectitude juridique des décisions rendues en dernier ressort par des juridictions inférieures (erreurs de droit, vices de procédure…) ;

• elle peut renvoyer au Conseil constitutionnel une question prioritaire de constitutionnalité soulevée à l'occasion d'un pourvoi ou transmise par une juridiction inférieure ;

• elle juge le jugement et non l'affaire !

Exemple : l'art. 2274 C. civ. présume la bonne foi du possesseur, mais cette présomption peut être combattue par la preuve contraire.

On distingue en pratique deux problèmes :

• une question de droit : sur qui pèse la charge de la preuve ? Le possesseur ou le revendiquant ? La loi répond : le revendiquant, tenu d'établir la mauvaise foi ;

• une question de fait : le revendiquant établit-il la mauvaise foi de son adversaire ? La réponse dépend de chaque espèce.

Si une cour d'appel déclare que le revendiquant ne prouve pas que le possesseur savait dès l'origine acquérir *a non domino*, c'est une appréciation de fait. Cette affirmation ne peut être révisée par la Cour de cassation (pouvoir souverain d'appréciation des juges du fond).

Si une cour d'appel déclare que le revendiquant n'a pas à prouver la mauvaise foi du possesseur, mais que c'est à celui-ci de démontrer sa bonne foi, c'est l'énoncé d'une règle de droit en l'occurrence inexacte. La Cour de cassation peut censurer cette faute dans l'application de la loi.

Observations complémentaires :

• Historiquement issue du tribunal de cassation, mis en place à la révolution, la Cour de cassation concrétise la méfiance des révolutionnaires à l'égard des juges. Ceux-ci n'ont pas pour mission de faire la loi, mais de l'appliquer. Il faut donc un organisme qui puisse censurer toute application incorrecte.

• Techniquement, les limites du rôle de la Cour de cassation s'expriment par le mécanisme du renvoi. Ayant censuré l'erreur de droit par la « cassation » de la décision déférée, la cour ne tranche pas en principe le fond du litige, mais renvoie à une juridiction de même niveau que celle dont la décision a été cassée ou à celle-là, mais « autrement composée » (juridiction de renvoi).

Exceptionnellement, il peut y avoir cependant cassation « sans renvoi ».

B – Unifier la jurisprudence

Principes :

• non seulement la loi doit être appliquée, mais elle doit l'être de la même manière partout en France ;

• juridiction suprême et unique, la Cour de cassation y pourvoit en donnant sa lecture du droit.

Difficultés :

1. Absence de règle du précédent

La Cour de cassation est juridiction suprême, mais l'autorité de ses arrêts n'est que scientifique et sociologique :

• parce qu'elle est composée de magistrats particulièrement expérimentés parvenus au couronnement de leur carrière ;

• parce qu'elle représente le sommet de la hiérarchie.

Juridiquement : aucune juridiction, même inférieure, n'est tenue de « s'aligner ».

Exception : la succession de deux pourvois émanant de la même partie au litige et fondés sur le même moyen de cassation.

Cette situation postule par hypothèse :

1. qu'il y ait eu cassation sur le premier pourvoi ;

2. que la juridiction de renvoi ait cependant statué comme celle dont la décision avait été cassée, refusant en d'autres termes de suivre la doctrine de la Cour de cassation.

En ce cas, le deuxième pourvoi est examiné par une formation solennelle (toutes chambres réunies avant 1968 ; assemblée plénière depuis). Si celle-ci casse la décision de la juridiction de renvoi (confirmant en cela le premier arrêt de cassation), la nouvelle juridiction de renvoi doit s'incliner. Mais ceci ne vaut que pour cette seule affaire ; cette juridiction retrouve une pleine liberté pour tout autre procès semblable.

2. Division de la Cour de cassation en chambres

• Juridiction unique, la Cour de cassation a dû, en raison du nombre de pourvois, être divisée en chambres qui n'apportent pas toutes la même réponse aux mêmes questions. D'où une dissension interne qui nuit à l'unification de la jurisprudence (ex. avant 1970, la question du droit à réparation de la concubine) ;

• remède recherché à travers la technique de la chambre mixte, formation *ad hoc* composée de représentants des chambres en désaccord. Mais ici encore l'autorité des arbitrages rendus n'est que purement rationnelle : chaque chambre peut ensuite reprendre sa liberté (ex. la jurisprudence sur l'abus de fonction du préposé) ;

• depuis 1979, possibilité de résoudre les contrariétés de jurisprudence entre chambres à travers l'assemblée plénière (v. p. 59) ;

• une chambre peut aussi solliciter l'avis d'une autre chambre.

II – Les missions particulières

A – Missions non juridictionnelles

• Rapport annuel au garde des Sceaux, très utile pour la connaissance des motivations profondes de la cour et contenant souvent un appel au législateur pour des réformes en son seul pouvoir.

• Tenue du fichier de la cour par le service de documentation et d'études et publication sous sa responsabilité de 2 bulletins mensuels : le *Bulletin civil* et le *Bulletin criminel*. La disparition du bulletin papier a été annoncée en janvier 2008, les arrêts étant disponibles sur le site *Légifrance*.

• Avis donné sur sa demande à une juridiction inférieure, confrontée à une question de droit nouvelle, présentant une difficulté sérieuse et se posant dans de nombreux litiges. Créée par la loi du 15 mai 1991, cette saisine pour avis a été étendue en 2001 à la matière pénale. L'avis est donné par une formation *ad hoc* que préside le Premier président ; il ne lie pas la juridiction qui l'a sollicité.

B – Missions juridictionnelles

• La chambre criminelle recevait en matière pénale les pourvois en révision pour survenance d'un fait nouveau, devenant ici juge du fond, ayant à pourchasser une erreur de fait (« erreur judiciaire ») ; la loi du 20 juin 2014 lui substitue la cour de révision et de réexamen composée de 18 magistrats représentant les 6 chambres : v. p. 190 ;

• Le bureau de la cour statue, sous réserve d'un recours devant la première chambre civile, sur le retrait ou la radiation des experts judiciaires figurant sur la liste nationale.

• Il est institué au sein de la cour :
- une commission nationale de réparation des détentions provisoires injustifiées (L. 17 juill. 1970) ;
- une commission spéciale chargée de statuer sur les recours des officiers de police judiciaire ayant fait l'objet de sanctions (art. 16-2 C. pr. pén.).

§ 2 – L'organisation de la Cour de cassation

I – La composition

A – Composition du siège

• 1 Premier président (le plus haut magistrat de France. Il préside le Conseil supérieur de la magistrature lorsqu'il siège en formation disciplinaire à l'égard des magistrats du siège) ;

• 7 présidents de chambre (les présidents des 6 chambres et le directeur du service de documentation, des études et du rapport) ;

• 122 conseillers répartis entre les chambres par le Premier président (l'usage est venu de les appeler « hauts conseillers » par opposition aux conseillers référendaires). Parmi eux les éventuels présidents de section prévus par le nouvel art. R 421-4 COJ et les « conseillers doyens », titre réservé au plus ancien conseiller dans chaque chambre ou éventuellement section ;

• 75 conseillers référendaires, catégorie créée par la loi du 3 juillet 1967 pour assister les conseillers.

Remarques :

1. l'originalité de leur situation :

– au sein de la Cour de cassation où, à un échelon moindre de la hiérarchie, ils sont nettement plus jeunes que les hauts conseillers,

– au sein du corps judiciaire, puisque leur délégation à la Cour de cassation n'est que temporaire et qu'ils devront réintégrer ensuite, à un niveau hiérarchique égal, une juridiction inférieure ;

2. l'extension de leurs prérogatives : voix purement consultative à l'origine, puis délibérative dans les affaires qu'ils rapportent et même possibilité de compléter la chambre en l'absence d'un ou deux hauts conseillers.

B – Composition du parquet

• 1 procureur général (deuxième personnage de la hiérarchie judiciaire française. Il préside le Conseil supérieur de la magistrature lorsqu'il siège en formation disciplinaire à l'égard des magistrats du parquet) ;

• 8 premiers avocats généraux ;

• 38 avocats généraux répartis entre les chambres par le procureur général ;

• 5 avocats généraux référendaires, la loi organique du 5 mars 2007 ayant institué leur statut calqué sur celui des conseillers référendaires.

Remarques :

• Depuis la loi organique du 25 févr. 1992, des professionnels spécialement qualifiés peuvent être nommés conseillers (8 actuellement) ou avocats généraux pour 8 ans en service extraordinaire (v. p. 80) ;

• Le décret du 20 févr. 1984 a, pour sa part, institué des auditeurs, exerçant des attributions essentiellement administratives, particulièrement au sein du service de documentation et d'études. Ils participent aux travaux d'aide à la décision (traitement automatisé de données jurisprudentielles).

II – Le fonctionnement

A – Formations

1. Formations purement administratives

• L'assemblée générale : à huis clos ;

• le bureau (le Premier président, les présidents de chambre, le procureur général et le premier avocat général) : fixe notamment le nombre et la durée des audiences, compte tenu des nécessités d'une bonne administration de la justice.

2. Formations juridictionnelles

a. Les chambres

La Cour de cassation comprend 6 chambres elles-mêmes décomposées en une ou plusieurs sections :

- 5 chambres civiles dont les attributions sont déterminées par ordonnance du Premier président après avis du procureur général (première, deuxième et troisième chambres civiles, chambre commerciale et financière, chambre sociale) ;
- 1 chambre criminelle à effectif renforcé.

Composition collégiale des chambres :

- au moins 3 membres ayant voix délibérative si la solution s'impose ;
- au moins 5 membres ayant voix délibérative au cas contraire.

NB : réduction constante de la collégialité (*quorum* de 11 à l'origine) pour économiser les moyens.

b. Les formations élargies

• **Les chambres mixtes** : composées depuis 1979 de représentants de trois chambres au moins.

Saisine facultative dans deux cas :

- question relevant de la compétence de plusieurs chambres ;
- question dont la solution diverge selon les chambres (v. p. 56) ;

Saisine obligatoire dans deux cas :

- partage de voix dans une chambre (situation possible, puisque l'obligation de juger en nombre impair ne s'applique pas à la Cour de cassation) ;
- réquisition en ce sens du procureur général avant l'ouverture des débats.

• **L'assemblée plénière** (diminutif des anciennes chambres réunies) : composée de représentants de toutes les chambres, elle ne comprend plus que 19 magistrats du siège depuis 1997 (le Premier président, les 6 présidents de chambre, les 6 conseillers-doyens et un conseiller de chacune des chambres).

Saisine facultative pour remédier aux divergences de jurisprudence entre juges du fond ou entre juges du fond et Cour de cassation.

Saisine obligatoire sur second pourvoi d'une même partie pour le même moyen (v. p. 56).

B – Encombrement de la Cour

Il est depuis longtemps un sujet de préoccupation, même si, grâce aux efforts fournis, les délais de traitement des pourvois se sont améliorés.

1. Raisons de cet encombrement

• Accélération importante depuis l'après-guerre du nombre de pourvois pour des raisons diverses :

- méconnaissance par le public de la distinction du droit et du fait ;
- développement des facilités d'accès à la justice : par ex. procédure sans ministère d'avocat obligatoire en matière prud'homale ;
- imperfections des textes contemporains ;
- fréquence des contradictions ou des revirements de jurisprudence.

• Modestie des moyens en personnel et matériel.

2. Solutions recherchées

1. Sur un plan global : au fil des interventions législatives, nombreuses depuis l'après-guerre, deux voies ont été utilisées :

• **Création de moyens nouveaux :**

– Structures nouvelles : chambre sociale en 1938, chambre commerciale en 1947, deuxième chambre civile en 1952, troisième chambre civile en 1967. Mais procédé coûteux et favorisant les divergences de jurisprudence.

– Personnel complémentaire : institution en 1967 de conseillers référendaires et en 1984 d'auditeurs. L'inconvénient budgétaire subsiste.

• **Meilleure utilisation des moyens existants :**

– Suppression en 1947 de la chambre des requêtes, simple instance de filtrage sans pouvoir de cassation.

– Allégement constant des formations de la cour : substitution de l'assemblée plénière aux chambres réunies et réduction du *quorum* de chaque chambre.

– Création en 1979 de formations restreintes d'au moins 3 membres légalisant le « petit rôle » (président, doyen et rapporteur) ; ne pouvant d'abord prononcer que des rejets, le pouvoir de « casser » leur a été reconnu en 1981 ; elles constituent la composition de droit commun depuis la loi du 23 avril 1997 et peuvent depuis la loi organique du 25 juin 2001 « filtrer » les pourvois en déclarant non admis les recours irrecevables ou non fondés sur un moyen sérieux de cassation.

D'elle-même la Cour de cassation s'est engagée dans un processus de modernisation, faisant appel aux technologies informatiques et télématiques : dématérialisation des procédures, mise d'un bureau « virtuel » à disposition de chaque conseiller.

2. Individuellement, et pour accélérer la solution de chaque procès, développement de la cassation sans renvoi qui permet à la Cour lorsqu'elle en a les moyens, de statuer au fond (art. L. 411-3 COJ).

→ Réforme de la Cour de cassation ? : La Cour de cassation a lancé en 2015 une réflexion doctrinale sur sa propre réforme : au-delà du filtrage voulu plus rigoureux des pourvois dignes d'examen se profilerait une remise en cause du rôle de la Cour qui pourrait être limité aux seules questions de principe ou nouvelles et permettre un contrôle de proportionnalité lorsque l'application d'un texte contrarie un droit fondamental.

Pour aller plus loin

Bibliographie

• Y. Chartier, *La Cour de cassation*, coll. « Connaissance du droit », Dalloz, 2e éd., 2001.

• J.-F. Weber, *La Cour de cassation,* La documentation française, 2006.

Site utile

• www.courdecassation.fr

Titre 2
Les juridictions de l'ordre administratif

Observations générales :

- *L'existence de juridictions administratives est originale en France.*
- *Elle est le fruit de l'histoire (v. p. 9) :*

– Interdiction faite aux juges d'agir à la place de l'administration : principe dit de la séparation des pouvoirs ;

– Interdiction faite aux juges judiciaires de juger l'administration, laquelle se juge donc elle-même : principe de séparation des autorités.

- *De structure pyramidale, l'ordre administratif a connu une évolution étroitement tributaire de celle du Conseil d'État qui en constitue le sommet.*

Remarques terminologiques :

Utilisation fréquente des expressions « juridiction administrative », « juge administratif », « tribunal administratif » à titre de synonymes pour opposer l'ordre administratif à l'ordre judiciaire. Mais depuis 1953, l'expression « tribunal administratif » s'applique à une catégorie particulière de juridiction, les anciens conseils de préfecture (v. p. 68).

Chapitre 1
Le Conseil d'État

L'essentiel

Historiquement conseil juridique du gouvernement, le Conseil d'État a conservé cette compétence administrative tout en s'érigeant progressivement juge de l'administration ; de là, la dualité des formations administratives et des formations contentieuses. Le souci de le désencombrer a conduit à faire de lui, selon le cas, un juge en premier et dernier ressort, un juge d'appel ou un juge de cassation.

Origine :

- *Créé sous l'an VIII comme conseil de l'exécutif, à l'effet de « rédiger les projets de loi et les règlements d'administration publique et de résoudre les difficultés qui s'élèvent en matière administrative ».*
- *Le passage de la justice retenue à la justice déléguée n'est définitivement acquis qu'au début de la troisième République (L. 24 mai 1872) : le Conseil d'État devient alors véritablement une juridiction souveraine libérée de toute dépendance vis-à-vis du chef de l'État.*
- *Depuis le décret du 30 septembre 1953, le Conseil d'État « engorgé »* ***n'est plus juridiction de droit commun*** *en matière administrative. Mais l'époque moderne n'a longtemps apporté que des aménagements :*

– codification des textes : ordonnance du 31 juillet 1945 ;

– amélioration du statut des membres et du fonctionnement interne : décret du 30 juillet 1963 pris après l'affaire Canal ;

– Code de justice administrative entré en vigueur le 1er janvier 2001.

- *À l'initiative du Conseil d'État lui-même, un ambitieux et important mouvement de renouvellement, d'anticipation et d'adaptation s'est mis actuellement en place ; le décret du 6 mars 2008 qui en constitue la première pierre, réforme les conditions d'exercice des fonctions consultatives du Conseil et consacre en droit la séparation de fait entre ces fonctions et les attributions juridictionnelles du Conseil. Le décret du 7 janvier 2009 institue le rapporteur public. Celui du 22 février 2010 accentue la vocation du Conseil d'État à être avant tout une cour suprême, c'est-à-dire un juge de cassation.*

Section 1 – Le personnel du Conseil d'État

Il se caractérise par :

§ 1 – Une hiérarchie

Par ordre ascendant :

- Les auditeurs, de deuxième puis de première classe ;

• Les maîtres des requêtes : parmi eux sont choisis les rapporteurs publics (ex-commissaires du gouvernement) qui, devant la section du contentieux, présentent en toute indépendance la solution qui leur paraît s'imposer selon le droit ;

• Les conseillers d'État proprement dits :
À leur tête :
– les présidents de section,
– et le « vice-président » du Conseil d'État, véritable chef de cette institution malgré un titre trompeur rappelant cependant que l'assemblée générale peut être présidée par le Premier ministre lui-même ou le garde des Sceaux, ce qui demeure tout à fait exceptionnel.

§ 2 – Un recrutement diversifié

• Voie normale : par l'ENA : ceux qui sortent « dans la botte » sont nommés auditeurs, puis avancent par promotion. À noter de ce fait, et par opposition à ce que fut longtemps la composition de la Cour de cassation, la présence au Conseil d'État d'éléments particulièrement jeunes.

• Tour extérieur : il permet, à certaines conditions d'âge et d'ancienneté dans la fonction publique, d'intégrer au Conseil d'État des personnes qui n'ont pas été auditeurs, notamment le personnel des tribunaux administratifs.

• Présence au côté des conseillers d'État en service ordinaire, recrutés selon l'une des deux voies précédentes, de conseillers en service extraordinaire : personnalités extérieures appelées en raison de leur expérience à siéger au Conseil d'État de manière purement temporaire et sans aucune attribution contentieuse.

§ 3 – Une absence de garanties constitutionnelles d'inamovibilité

À la différence des magistrats du siège des juridictions judiciaires, les membres du Conseil d'État ne sont pas juridiquement inamovibles. Leur indépendance repose seulement sur la tradition et le prestige de l'institution.

Section 2 – Les formations du Conseil d'État

Principe : existence, en accord avec la double nature du Conseil d'État, de deux types de formations :

• les formations administratives qui émettent des avis à l'intention du gouvernement ;

• les formations contentieuses qui prennent des décisions juridictionnelles (cf. les « grands arrêts » du Conseil d'État) ou formulent à l'intention des tribunaux administratifs et cours administratives d'appel des avis sur des questions de droit nouvelles, présentant des difficultés sérieuses et se posant dans de nombreux litiges (art. L. 113-1 CJA).

Remarque : existence d'un brassage entre formations administratives et formations contentieuses : une même personne peut être affectée à la section du contentieux et à une section administrative, mais dans un souci de « désimbrication », le décret du 6 mars 2008 consacre une évidente règle coutumière empêchant un membre du Conseil d'État de connaître au contentieux d'un recours contre un acte pris après avis du Conseil, lorsqu'il a pris part à la délibération de cet avis.

§ 1 – Les formations administratives

I – Les sections administratives spécialisées

• Au nombre de 4 auparavant : intérieur, finances, travaux publics, section sociale, le décret du 6 mars 2008 les fait passer à 5 avec la création de la section de l'administration ;

• sont consultées obligatoirement ou facultativement par le gouvernement sur les textes et décisions en préparation ;

• selon l'importance du sujet, réunion en formation ordinaire d'au moins 7 membres ou en formation plénière ;

• possibilité de délibérations conjointes de plusieurs sections lorsqu'un même dossier relève de leur compétence.

II – La section du rapport et des études

Issue de l'ancienne commission du rapport et des études, elle :

• prépare le rapport du Conseil d'État, notamment sur l'exécution des décisions administratives ;

• procède à toute étude sur l'organisation et le fonctionnement des services publics.

III – L'assemblée générale et la commission permanente

• L'assemblée générale peut être ordinaire ou plénière selon la nature ou l'importance de l'ordre du jour ;

• En cas d'urgence, l'examen des projets de loi ou d'ordonnance peut être confié à la commission permanente, émanation de l'assemblée générale.

§ 2 – Les formations contentieuses

Elles émanent d'une section unique : la section du contentieux.

I – La section du contentieux

A – Composition

• Numériquement, section la plus importante du Conseil d'État : outre les conseillers d'État qui y sont affectés (les conseillers en service extraordinaire ne peuvent l'être), tous les auditeurs et maîtres des requêtes en font partie.

- À sa tête :
  - le président de la section,
  - assisté de trois présidents adjoints.

B – Organisation interne

- 10 sous-sections spécialisées chacune dans une matière déterminée ;
- placées sous la responsabilité d'un président de sous-section.

II – Les formations d'instruction

- En principe, instruction par la sous-section compétente.
- Exceptionnellement, instruction par la section elle-même.

III – Les formations de jugement

- Toutes collégiales et impaires.
- Quatre solutions possibles :
  - **Jugement par la seule sous-section compétente** (affairc simple) ;
  - **Jugement par deux ou trois sous-sections réunies** dont celle qui instruit l'affaire ;
  - **Jugement par la section du contentieux** : si l'affaire présente une difficulté particulière ou soulève une difficulté de principe. Mais l'expression désigne ici, non tous les membres de la section, mais une formation particulière (section du contentieux « en formation de jugement ») représentative des dix sous-sections ;
  - **Jugement par l'assemblée du contentieux :** c'est la formation la plus solennelle, présidée en personne par le vice-président du Conseil d'État, assisté des présidents des sections administratives. Elle comprend 17 membres et n'est réunie que pour une affaire revêtant une importance exceptionnelle : par ex. contentieux des élections des représentants français au Parlement européen.

• Le président de la section du contentieux a des pouvoirs juridictionnels propres : référés ; mesures d'instruction urgentes ; règlement des difficultés de compétence entre juridictions administratives…

• Extension progressive des pouvoirs des présidents de sous-sections qui peuvent par ex. rejeter seuls des conclusions entachées d'une irrecevabilité manifeste non susceptible d'être couverte en cours d'instance ou, depuis le décret du 3 juillet 1995, examiner seuls des requêtes relevant d'une série présentant à juger en droit et en fait des questions identiques à celles déjà tranchées par la collégialité.

Section 3 – Les attributions contentieuses du Conseil d'État

§ 1 – Le Conseil d'État : juge en premier et dernier ressort

Situation dite de la compétence directe du Conseil d'État.

1. Situation profondément originale, puisque le litige est immédiatement tranché, sans recours possible, au plus haut niveau de la hiérarchie.

2. En principe, situation purement résiduelle puisque, depuis 1953, le Conseil d'État n'est plus juge administratif de droit commun, mais juge d'exception. Le décret du 22 février 2010 vient de restreindre encore plus cette compétence.

Exemples de compétence directe :

- recours pour excès de pouvoir formé contre les décrets, réglementaires ou individuels ;
- recours pour excès de pouvoir formé contre les actes réglementaires des ministres et autres autorités à compétence nationale et contre leurs circulaires et instructions de portée générale ; en revanche les recours contre les actes non réglementaires des ministres même pris après avis obligatoire du Conseil d'État ne relèvent plus de cette compétence directe ;
- litiges relatifs à la situation individuelle des fonctionnaires nommés par décret du président de la République (par ex. membres du Conseil d'État ou de la Cour des comptes ; magistrats de l'ordre judiciaire ; professeurs des universités), mais uniquement s'ils concernent le recrutement ou la discipline ;
- recours contre les décisions de certaines autorités à compétence nationale prises dans le cadre de leur mission de contrôle ou de régulation (par ex. Autorité de la concurrence, Autorité des marchés financiers, CNIL, CSA…) ;
- action en responsabilité contre l'État pour durée excessive d'une procédure administrative ;
- recours en matière d'élections européennes et régionales.

§ 2 – Le Conseil d'État : juge d'appel

C'était, depuis 1953, la mission naturelle du Conseil d'État. Mais en raison de son encombrement, la loi du 31 décembre 1987 a institué des cours administratives d'appel qui détournent en principe l'ensemble des appels dirigés contre les jugements des tribunaux administratifs.

L'appel demeure à titre résiduel devant le Conseil d'État pour les recours contre certains jugements, par ex. :

- se prononçant sur un recours sur renvoi de l'autorité judiciaire en appréciation de légalité ;
- statuant en matière d'élections municipales et cantonales.

Remarques :

- lorsque le Conseil d'État connaît un litige en appel, le recours en cassation devant lui est impossible ;
- paradoxalement, c'est donc comme juge d'appel et non pas comme juge de cassation que le Conseil, jusqu'à l'institution des cours administratives d'appel, exerçait le mieux sa mission d'unification de la jurisprudence des tribunaux administratifs.

Exceptionnellement, la loi peut attribuer la connaissance de l'appel à une juridiction spécialisée, le Conseil d'État n'intervenant qu'ultérieurement, comme juge de cassation. Par exemple :

– contentieux disciplinaire des ordres professionnels autres que les ordres d'avocats : l'appel est porté devant le Conseil national de l'ordre ;
– contentieux disciplinaire des membres de l'enseignement public : l'appel est porté devant le Conseil supérieur de l'Éducation nationale.

§ 3 - Le Conseil d'État : juge de cassation

C'est aujourd'hui la vocation essentielle du Conseil d'État.

Principe : le Conseil d'État s'est reconnu, avant même l'ordonnance du 31 juillet 1945 qui a consacré ce droit, la possibilité de connaître comme juge de cassation des recours contre les décisions en dernier ressort rendues par les juridictions administratives autres que lui-même. Par exemple :

• recours en cassation contre les décisions disciplinaires des conseils nationaux des ordres professionnels ;

• recours en cassation contre les décisions de la Cour des comptes ou de la Cour de discipline budgétaire ;

• recours en cassation contre les décisions des cours administratives d'appel.

Modalités du contrôle :

• Étendue variable selon la juridiction dont émane la décision déférée : le Conseil d'État soupçonne moins l'erreur de droit chez les magistrats de la Cour des comptes que chez les juges occasionnels d'un conseil national d'un ordre professionnel en formation disciplinaire ;

• Pour les recours contre les arrêts des cours administratives d'appel, existence d'un filtrage des pourvois : la sous-section en charge du dossier peut refuser l'admission du pourvoi ;

• S'il y a renvoi, la juridiction de renvoi est tenue de se conformer immédiatement à la solution juridique consacrée par le Conseil d'État.

Pour aller plus loin

Bibliographie

• D. Latournerie, *Le Conseil d'État*, coll. « Connaissance du droit », Dalloz, 2005.

Site utile

• www.conseil-etat.fr

Chapitre 2
Les juridictions subordonnées au Conseil d'État

L'essentiel

Le contentieux de droit commun est traité en première instance par les tribunaux administratifs (42) et en appel par les cours administratives d'appel (8).

Au rang des juridictions spécialisées, on relève les juridictions financières : Cour des comptes, chambres régionales des comptes (20) et Cour de discipline budgétaire, ainsi que les juridictions à compétence spéciale relevant du contrôle du Conseil d'État : par ex. Conseil supérieur de la magistrature ou conseils nationaux des ordres professionnels siégeant en matière disciplinaire, Commission centrale d'aide sociale, Cour nationale du droit d'asile.

Sauf rares exceptions, toutes les juridictions administratives sont subordonnées au Conseil d'État :

– soit par la voie de l'appel (décisions en premier ressort) ;

– soit par la voie de la cassation (décisions en dernier ressort).

*Mais confrontées à un problème juridique nouveau et sérieux, se posant dans de nombreux litiges, les juridictions administratives peuvent désormais directement solliciter l'**avis** du Conseil d'État (art. L. 113-1 CJA).*

Section 1 – Les juridictions de droit commun

§ 1 – Les tribunaux administratifs

Évolution :

• Instituées dans les départements métropolitains et d'outre-mer, ces juridictions ont succédé en 1953 aux anciens conseils de préfecture créés sous l'an VIII par Bonaparte.

• Sont devenues depuis cette date juridictions administratives de droit commun, à l'effet de désencombrer le Conseil d'État.

• Procédure codifiée par le Code de justice administrative.

• Implantation territoriale : 42 tribunaux administratifs, dont 31 en France métropolitaine. Ressort variant de 1 à 5 départements. Siège au chef-lieu d'un département.

I – Composition

Un président et plusieurs membres dont un au moins est chargé des fonctions de rapporteur public (ex-commissaire du gouvernement).

II – Fonctionnement

• Le tribunal statue par chambres collégiales de trois juges au moins, réserve faite des pouvoirs du président ou du conseiller par lui délégué (art. R. 222-13 CJA).

• Le statut des membres des tribunaux administratifs (recrutés par le concours de l'ENA ou le tour extérieur) a été amélioré, notamment par la possibilité d'accès au Conseil d'État.

• Existence d'un secrétariat-greffe au siège du tribunal.

III - Attributions

A - Attributions du tribunal

• Attributions administratives : comme le Conseil d'État, mais en plus réduit, les tribunaux administratifs ont un rôle consultatif, auprès du préfet notamment.

• Attributions contentieuses : les tribunaux administratifs sont juridiction administrative de droit commun.

B - Attributions du président

• Attributions administratives : le président est chef de son tribunal.

• Attributions juridictionnelles : le président (ou son délégataire) est juge des référés ; il examine seul les matières énumérées par l'art. R. 222-13 CJA ; il peut statuer seul dans les situations visées à l'art. R. 222-1 du même code…

IV - Contrôle du Conseil d'État

• Direct et par voie d'appel pour les jugements soustraits à la compétence des cours administratives d'appel (v. p. 66) ;

• indirect et par voie de cassation contre l'arrêt à intervenir pour les jugements déférés aux cours administratives d'appel.

§ 2 - Les cours administratives d'appel

Évolution :

• Création relativement récente pour désencombrer le Conseil d'État. Elles deviennent en ses lieu et place le juge d'appel ordinaire des décisions des tribunaux administratifs (L. 31 déc. 1987).

• Entrée en fonctionnement le 1er janvier 1989.

• Implantation territoriale : 8 cours (Bordeaux, Douai, Lyon, Marseille, Nancy, Nantes, Paris et Versailles).

I - Composition

Un président conseiller d'État et des magistrats du corps des tribunaux administratifs et cours administratives d'appel (présidents de chambre, premiers conseillers et conseillers dont les rapporteurs et les commissaires du gouvernement).

II - Fonctionnement

• La cour statue par chambres collégiales de cinq magistrats. Mais il existe une possibilité de formation restreinte (3 magistrats). La cour peut également siéger en formation plénière (7 magistrats).

• La cour possède un greffe organisé à l'exemple des greffes des tribunaux administratifs.

III – Attributions

A – Attributions de la Cour

• Appel des décisions des tribunaux administratifs (par ex. contentieux fiscal, contrats, installations classées…) ;

• sous réserve des appels dévolus au Conseil d'État (v. p. 66).

B – Attributions du président

• Administratives : il dirige les services de la cour et assure le maintien de sa discipline intérieure ;

• juridictionnelles : il est juge des référés.

IV – Contrôle du Conseil d'État

Par voie de cassation uniquement, après filtrage des pourvois (v. p. 67).

Section 2 – Les juridictions spécialisées

§ 1 – Les juridictions financières relevant du Conseil d'État par la voie de la cassation

I – La Cour des comptes

A – Organisation

• Sous l'autorité du Premier président, la cour est divisée en 7 chambres sous la responsabilité chacune d'un président de chambre.

• Le personnel de la cour a la qualité de magistrat inamovible. Il est recruté :

1. à l'issue du concours de l'ENA, en qualité d'auditeur puis de conseiller référendaire, puis de conseiller-maître ;
2. latéralement et à tous niveaux parmi les hauts fonctionnaires spécialisés (inspecteurs des finances notamment) ;

• La cour est dotée d'un parquet (un procureur général, un premier avocat général et plusieurs avocats généraux).

• Un conseil supérieur (ancienne commission consultative interne) assiste le premier président (art. L. 112-8 CJF).

B – Attributions

1. Attributions juridictionnelles

Principe : la cour a pour mission de contrôler les comptes rendus annuellement par les comptables publics ne relevant pas des chambres régionales. Elle est également juge d'appel des décisions des chambres régionales. En toute hypothèse elle juge les comptes et non les comptables eux-mêmes.

Modalités du contrôle : arrêts de décharge (ou de *quitus*) si aucune irrégularité n'est constatée ou arrêts de débet au cas contraire.

2. Attributions non juridictionnelles

La cour rédige un rapport public annuel, sans préjudice des rapports ponctuels demandés par le gouvernement.

Notamment :

- elle contrôle les comptes de la Sécurité sociale et des entreprises publiques ;
- elle surveille la gestion des administrations de l'État et des collectivités ;
- elle vérifie l'exécution du budget ;
- elle inspecte les chambres régionales des comptes.

La loi du 20 avril 2005 a placé auprès d'elle le Conseil des prélèvements obligatoires chargé d'apprécier l'évolution et l'impact économique, social et budgétaire de ces prélèvements (art. L. 351-1 s. CJF).

C – Décentralisation de la Cour des comptes

La loi du 10 juillet 1982 et le décret du 22 mars 1983 ont institué des chambres régionales ou territoriales des comptes. Depuis la loi du 13 décembre 2011 réduisant leur nombre, il en subsiste 20 : 15 en métropole et 5 outre-mer.

1. Mission

Vérifier les comptes des comptables publics locaux.

2. Composition

Membres de la Cour des comptes (notamment les présidents des chambres régionales) et magistrats du corps des magistrats de chambres régionales des comptes.

3. Recours

L'appel des décisions des chambres régionales est porté devant la Cour des comptes.

II – La cour de discipline budgétaire et financière

Créée par la loi du 25 septembre 1948 :

- elle sanctionne les ordonnateurs par opposition aux comptables ;
- elle est composée de membres de la Cour des comptes et de membres du Conseil d'État ;
- son parquet est celui de la Cour des comptes.

§ 2 – Les autres juridictions administratives relevant du Conseil d'État par la voie de la cassation

I – Une multitude de juridictions

Plus d'une trentaine, regroupées sous le vocable de juridictions administratives à compétence spéciale : par ex. :

• en matière disciplinaire, le Conseil supérieur de la magistrature, le Conseil supérieur de l'éducation nationale, les conseils nationaux des ordres professionnels ;

• la Commission centrale d'aide sociale ;

• la Cour nationale du droit d'asile qui statue en premier et dernier ressort sur les recours contre les décisions de l'Office français de protection des réfugiés et apatrides.

II - La diversité de ces juridictions

A - Composition

Collèges pairs ou impairs, avec ou sans échevinage, faisant fréquemment appel à un personnel d'emprunt : professionnels, représentants des usagers, parfois même magistrats de l'ordre judiciaire.

B - Fonctionnement

Juridictions siégeant au premier degré (par ex. l'ancienne commission juridictionnelle des objecteurs de conscience) ou en appel (par ex. Conseil supérieur de l'éducation nationale statuant sur appel des décisions d'une section disciplinaire d'un conseil d'université).

III - Les traits communs de ces juridictions

Par définition, ces juridictions doivent répondre aux critères caractérisant la notion de juridiction administrative.

A - Difficulté de la question

Existence de nombreuses commissions ayant simplement la nature d'une autorité administrative, lesquelles ne rendent pas de jugements, mais accomplissent des actes administratifs sans autorité de chose jugée et uniquement susceptibles d'un recours gracieux ou hiérarchique.

B - Critères concevables

• **Critère formel :** garanties procédurales assurant l'équilibre des intérêts en présence et le respect de la contradiction des débats.

Mais critère insuffisant : ces garanties existent devant les commissions de suspension du permis de conduire ou les commissions départementales des rapports locatifs, mais celles-ci ne sont pas des juridictions, donnant de simples avis, les premières au préfet, les secondes à l'intention du tribunal d'instance.

• **Critère substantiel :** pouvoir de trancher une contestation née de l'application des règles juridiques.

Mais critère encore insuffisant : l'autorité supérieure dispose d'un pouvoir identique dans le cas du recours hiérarchique.

• **Nécessité par conséquent de cumuler les deux critères** (v. p. 21).

Remarque : Nonobstant les termes quelque peu ambigus de l'art. 34 de la Constitution (qui réserve au législateur la création de « nouveaux ordres de juridiction »), seule la loi peut, selon la jurisprudence du Conseil constitutionnel, créer une juridiction judiciaire ou administrative nouvelle.

Pour aller plus loin

Bibliographie

- B. Odent et D. Truchet, *La justice administrative*, coll. « Que sais-je ? », PUF, 2e éd., 2008.
- J-Y. Bertuci et J. Raynaud, *Les juridictions financières*, coll. « Que sais-je ? », PUF, 2003.

Site utile

- www.ccomptes.fr

Seconde partie

Les gens de justice

Rendue par des hommes pour des hommes, la justice ne peut fonctionner sans un personnel ordonné à cette fin : magistrats et juges, mais aussi nombreux auxiliaires apportant leur secours aux magistrats ou aux plaideurs.

Titre 1

Magistrats et juges

Remarques :

1) *Au côté des professionnels ci-après décrits, la justice fait également appel à des juges non professionnels dont le statut a été précisé au titre des juridictions concernées : jurés d'assises, magistrats consulaires, conseillers prud'hommes...*

2) *Entre ces deux groupes apparaissent* ***les juges de proximité*** *dont le statut précisé par la loi organique du 26 février 2003 est intégré dans le statut de la magistrature.*

Origine : *anciens magistrats judiciaires ou administratifs ; personnes d'au moins 35 ans que leur compétence et leur expérience qualifient (par ex. membres ou anciens membres des professions judiciaires ou juridiques réglementées ayant au moins 4 ans d'ancienneté) ; personnes ayant au moins 25 années d'activités de direction et d'encadrement dans le domaine juridique ; conciliateurs ayant au moins 5 ans d'exercice...*

Statut : *nommés pour 7 ans, non renouvelables, dans les formes prévues pour les magistrats, ils passent par l'ENM, prêtent serment et sont soumis aux obligations disciplinaires des magistrats avec pour sanction la réprimande ou la cessation de leurs fonctions.*

Mais ils travaillent à temps partiel, étant rémunérés par des vacations et pouvant continuer parallèlement une activité professionnelle s'il n'en résulte aucune atteinte à leur dignité ou leur indépendance ; particulièrement ils peuvent exercer une activité d'avocat dans un autre ressort de tribunal de grande instance ; ils ne peuvent dans cette activité parallèle faire état de leur qualité de juge de proximité. Inamovibles, ils ne peuvent recevoir aucun avancement et sont jusqu'à la suppression effective de la juridiction de proximité sous le contrôle du juge d'instance qui les « évalue » tous les 2 ans.

La suppression de cette juridiction pour le 1er janvier 2017 ne les fera pas disparaître ; ils seront redéployés comme assesseurs dans les tribunaux de grande instance. Le projet de loi organique actuellement soumis au Conseil constitutionnel devrait unifier leur statut avec celui des magistrats recrutés à titre temporaire.

3) *Usuellement synonymes, les expressions de magistrat et de juge ne peuvent toutefois être confondues :*

– certains magistrats ne jugent pas : ex. dans l'ordre judiciaire, les magistrats du ministère public ou parquet ;

– certains juges sont privés des garanties réservées par la constitution aux magistrats : les juges de l'ordre administratif, à l'exception des « magistrats » de la cour et des chambres régionales des comptes et des membres du corps des cours administratives d'appel et des tribunaux administratifs (en clair : les conseillers d'État).

Chapitre 1
Les magistrats de l'ordre judiciaire

L'essentiel

1) *Le magistrat est* ***nommé par l'État****. Mais d'autres systèmes sont concevables et ont reçu historiquement application en France :*
– vénalité des charges : Ancien Régime ;
– élection des juges : période révolutionnaire.
2) *Les magistrats de l'ordre judiciaire échappent cependant au statut de la fonction publique ; la Constitution exige que leur statut emprunte la forme d'une loi organique pour garantie de leur indépendance.*
3) Le corps judiciaire *comprend quatre groupes distincts :*
– les magistrats du siège ;
– les magistrats du parquet ;
– les magistrats du cadre de l'administration centrale du ministère de la Justice (MACJ) ;
– les auditeurs de justice.
Qu'ils soient au siège ou au parquet, les magistrats sont recrutés et installés de même façon ; font carrière au sein d'un même corps et connaissent globalement mêmes devoirs et même protection.
Leurs attributions sont toutefois fondamentalement différentes, puisque les uns siègent et jugent, tandis que les autres veillent à l'observation des lois, au respect de l'ordre public et à la défense de l'intérêt social. De là tout de même des différences significatives au plan de l'indépendance, de l'avancement et de la discipline. D'une part l'inamovibilité n'est accordée qu'au siège. D'autre part la formation du CSM propre au parquet, apparue en 1993, n'a pas les mêmes pouvoirs que celle propre au siège ; son rôle se borne à de simples avis sur les nominations et sur les sanctions.

Section 1 – Le statut général des magistrats

L'ordonnance n° 58-1270 du 22 décembre 1958 a voulu renforcer l'unité, le prestige et l'efficacité du corps judiciaire.

La loi organique du 25 février 1992 s'est efforcée de mieux ouvrir la magistrature à la société civile et de mieux la protéger à l'égard de l'exécutif. Mais, perpétuellement à l'ordre du jour depuis des années, la **réforme du Conseil supérieur de la magistrature** n'a été permise que par la loi constitutionnelle du 27 juillet 1993, complétée par les deux lois organiques du 5 février 1994, puis celle du 25 juin 2001. La loi constitutionnelle du 23 juin 2008 a ouvert une nouvelle réforme mise en œuvre par la loi organique du 22 juillet 2010.

§ 1 – L'accès à la magistrature

I – Le recrutement des magistrats

Sous réserve de mesures exceptionnelles (par ex. les concours organisés par la loi organique du 25 juin 2001) ou de concours dérogatoires (par ex. ceux de l'art. 21-1 du statut, ainsi le concours « complémentaire » ouvert pour 2016), deux voies.

A – Voie normale

Elle s'est séparée de celle qui mène au barreau, avec la création en 1958 du Centre national d'études judiciaires (CNEJ), transformé en 1970 en École nationale de la magistrature (ENM). Celle-ci siège à Bordeaux et assure :

- la formation des futurs magistrats (auditeurs de justice) ;
- l'information et le perfectionnement des magistrats.

1. Accès à l'école

• Conditions préalables : celles requises pour l'accès à la fonction publique (nationalité, moralité, santé, situation militaire régulière) ;

• Accès sur concours :
  - « étudiant » : être titulaire d'une maîtrise en droit ou d'un diplôme assimilé (même non juridique !), avoir moins de 31 ans.
  Concours préparé dans le cadre des Instituts d'études judiciaires (IEJ).
  - « fonctionnaire » : conditions d'ancienneté requises.
  - « professionnel » : 3e voie ouverte en 1992 au profit des professionnels, élus territoriaux ou juges profanes (consulaires ou prud'homaux) ayant au moins 8 ans d'activités et n'ayant pas dépassé 40 ans ;

• Accès sur titre : le cas échéant après épreuves et sous certaines conditions d'ancienneté : avocats, assistants ou allocataires des facultés de droit, maîtres en droit ayant 4 années d'activité dans le domaine juridique, économique et social…

2. Statut des auditeurs de justice

• Formation étalée sur 31 mois, en partie théorique et en partie pratique : stage en juridiction et, depuis le 1er janvier 2008, stage en cabinet d'avocat.

• Examen de sortie destiné à établir le classement en fonction duquel sont en principe choisis les postes.

• Les auditeurs prêtent serment et reçoivent un traitement. Ils sont soumis aux mêmes incompatibilités que les magistrats (v. p. 82).

Ils peuvent au parquet requérir ou conclure et au siège participer au délibéré avec voix consultative (sauf aux assises).

B – Voie latérale

Elle évite les concours d'accès à l'ENM, d'où le vocable d'intégration directe.

1. Recrutement à titre définitif

Il est traditionnel : ex. Aubry et Rau, professeurs à la faculté de droit de Strasbourg, ont été ensuite conseillers à la Cour de cassation.

Mais il soulève :

• des difficultés techniques : définition de conditions destinées à assurer la qualité du recrutement ; détermination du niveau d'intégration pour ne pas léser les magistrats ayant suivi le cursus normal ;

• des soupçons politiques : le recrutement de personnes plus âgées est parfois soupçonné de vouloir favoriser un certain conservatisme (cf. hostilité du syndicat de la magistrature).

Actuellement possible sur titre avec avis conforme de la commission d'avancement qui vérifie les aptitudes, fixe le niveau d'intégration et les fonctions et peut exceptionnellement dispenser de la formation probatoire comprenant un stage en juridiction. Il est prévu :

• au profit de personnes limitativement énumérées : titulaires de certains diplômes, greffiers en chef, fonctionnaires de catégorie A du ministère de la Justice, membres des facultés de droit, avocats… ;

• dans la limite d'une fraction des promotions de l'année (entre 1/4 et 1/10 selon le cas) ;

• à un niveau hiérarchique en rapport avec les fonctions précédemment exercées et selon l'ancienneté professionnelle acquise (7 ou 17 ans d'activités professionnelles). À noter que l'accès direct aux postes hors hiérarchie est permis au profit par ex. d'un professeur titulaire des facultés de droit ayant enseigné au moins 10 ans en qualité de professeur ou d'agrégé.

2. Recrutement à titre temporaire

Il correspondait classiquement à une formule de compromis possible jusqu'au 31 décembre 1999 : des magistrats parvenus à l'âge de la retraite pouvaient ainsi bénéficier en surnombre d'un maintien en activité pendant 3 ans.

Mais ce recrutement tend à être érigé en système depuis les lois des 25 février 1992 et 19 janvier 1995. En témoignent :

• la possibilité d'un **détachement judiciaire des universitaires et fonctionnaires** recrutés par l'ENA, dans la limite de 1/20 des emplois. Ce détachement est limité à 5 ans et non renouvelable. La nomination se fait en rapport avec l'ancienneté présentée, après avis conforme de la commission d'avancement et stage. Le retour dans le corps d'origine est prévu à l'issue des 5 ans, mais avec possibilité à ce stade d'une intégration définitive ;

• le recrutement de **conseillers et d'avocats généraux à la Cour de cassation en service extraordinaire** : ceux-ci sont recrutés parmi les professionnels spécialement qualifiés ayant au moins 25 années d'activité. Leurs fonctions impérativement limitées à 8 années à l'issue desquelles des dispositions sont prises pour faciliter la réintégration dans le corps d'origine ou assurer la reprise du contrat de travail qui a été suspendu. Les nominations sont limitées à 1/10 des postes. Les candidats retenus ne peuvent recevoir aucun avancement, ni aucune mutation dans le corps judiciaire. Ils ne peuvent appartenir au Conseil supérieur de la magistrature ou à la commission d'avancement ;

• le recrutement de **juges d'instance ou de grande instance** : professionnels de moins de 65 ans justifiant d'au moins sept années d'activité dans le secteur juridique ou judiciaire. Ils sont nommés pour 7 ans non renouvelables après stage et avis conforme de la commission d'avancement. Certaines tâches leur sont inaccessibles (ex. la départition prud'homale) ; au tribunal de grande instance, ils ne peuvent être qu'assesseurs dans une formation collégiale. Par dérogation au statut de la magistrature, ils peuvent sous certaines conditions poursuivre concomitamment leur activité professionnelle antérieure (à noter qu'il n'est prévu aucun recrutement équivalent pour des postes du parquet) ;

- le recrutement des **juges de proximité** (v. p. 77).

II – L'entrée en fonction

A – Nomination et affectation

1. Nomination par décret du président de la République sur proposition du garde des Sceaux

NB : acte administratif susceptible d'un contrôle juridictionnel devant le Conseil d'État (recours pour excès du pouvoir).

2. Affectation après consultation du Conseil supérieur de la magistrature

NB : les premiers postes sont souvent de juge d'instance ou d'instruction au siège ; de substitut au parquet.

B – Serment

Il est prêté une fois pour toutes. À défaut, les jugements rendus seraient nuls.

C – Installation

- Elle est renouvelée à chaque étape de la carrière.
- Elle se fait dans le cadre d'une audience solennelle.

§ 2 – L'exercice des fonctions

Il est fait tout à la fois :

- de contraintes protectrices des justiciables ;
- de privilèges protecteurs des magistrats.

I – Les contraintes

L'indépendance n'est pas seulement une garantie pour les juges ; elle est aussi une vertu qu'ils doivent pratiquer. La loi s'efforce par différents mécanismes de garantir leur impartialité.

A – Incompatibilités et incapacités

Principe : éviter toute subordination de droit ou de fait, susceptible de contrarier l'indépendance et l'objectivité du magistrat.

1. Incompatibilités

Elles visent :

a. Les activités professionnelles extérieures

La profession de magistrat est incompatible avec :

- toute autre fonction publique ;
- toute autre activité professionnelle, salariée ou non.

Dérogations : le magistrat peut :

- avoir une activité littéraire, scientifique ou artistique ;
- être chargé d'enseignement à deux conditions :
  - absence d'atteinte à sa dignité ou à son indépendance ;
  - compatibilité avec les nécessités du service (autorisation du chef de cour).

b. Les mandats politiques

La profession de magistrat est incompatible avec :

- un mandat parlementaire (national ou européen) ;

NB : le magistrat marié à un parlementaire ne peut être nommé dans la circonscription électorale de son conjoint ;

- un mandat local (maire, conseiller général...), mais uniquement dans le ressort de ses fonctions judiciaires.

Remarques :

- l'incompatibilité subsiste pendant 5 ans à la cessation du mandat ;
- le magistrat qui a fait campagne sans être élu ne peut être nommé pendant 3 ans dans la circonscription où il s'est porté candidat.

2. Incapacités

Un magistrat ne peut exercer ses fonctions :

- dans une juridiction où l'un de ses parents ou alliés est déjà magistrat, sauf dispense (ex. couple de magistrats) ;
- dans une juridiction devant laquelle l'un de ses parents ou alliés est avocat ou avoué.

B - Devoirs professionnels

1. Contenu

Le magistrat est tenu :

- des devoirs habituels des fonctionnaires : par ex. obligation de résidence ;
- de devoirs spécifiques liés à l'importance de sa mission :
  - obligation de ne pas déroger à l'honneur, à la délicatesse et à la dignité de sa fonction ;
  - obligation de réserve : le magistrat doit se garder de toute manifestation de ses opinions politiques ou manifestation d'hostilité au principe et à la forme du gouvernement de la République ;

NB : les activités syndicales sont permises. Trois syndicats pour l'essentiel : le syndicat de la magistrature, l'union syndicale de la magistrature et l'association professionnelle des magistrats.

– obligation de formation continue ;
– interdiction de faire grève ;
– devoir de transparence : l'actuel projet de loi examiné par le parlement devrait faire apparaître l'obligation de procéder à des déclarations d'intérêts, voire de situation patrimoniale.

NB : le conseil supérieur de la magistrature (v. p. 90) est invité à faire chaque année rapport de ses activités et, depuis la loi organique du 5 mars 2007, à élaborer et publier un recueil des obligations déontologiques des magistrats : celui-ci est ordonné autour de 7 rubriques : indépendance, impartialité, intégrité, légalité, attention à autrui, discrétion et réserve.

L'actuel projet de loi organique soumis au Conseil constitutionnel devrait faire apparaître un collège de déontologie répondant aux interrogations individuelles des magistrats.

2. Sanctions

Tout manquement aux obligations professionnelles peut entraîner :

• le simple avertissement du chef de cour ;

• ou la mise en œuvre d'une procédure disciplinaire, sachant que la loi organique du 22 juillet 2010 a ouvert au justiciable qui s'estime victime d'un manquement la possibilité de saisir de sa plainte le Conseil supérieur de la magistrature ; un filtrage est prévu par le biais d'une commission d'admission des requêtes habilitée à rejeter les plaintes manifestement infondées ou manifestement irrecevables :

– les sanctions vont de la réprimande à la révocation, en passant par le déplacement, la rétrogradation… ou l'interdiction temporaire d'être nommé ou désigné dans des fonctions de juge unique ;
– possibilité d'une interdiction temporaire dans l'attente de la décision disciplinaire définitive ;

• ou même la mise en œuvre de poursuites pénales.

II – Les privilèges

Principe : protéger le magistrat contre le mécontentement ou le ressentiment du justiciable.

A – Protection pénale

Elle protège le magistrat contre les voies de fait : art. 434-8 s. C. pén., réprimant :

• les outrages ;

• les actes de nature à jeter le discrédit sur la justice ;

• les pressions ;

• les violences.

B – Protection civile

Elle protège le magistrat contre les voies de droit, c'est-à-dire les procès en responsabilité civile.

Principe : l'État fait écran entre le magistrat et le plaignant.

Remarque : la loi du 5 juillet 1972 a supprimé la procédure de prise à partie, volontairement complexe et onéreuse, mais qui permettait cependant d'agir directement contre le magistrat. Désormais, cette procédure ne subsiste que pour les juges non professionnels ; s'agissant des magistrats de carrière, seul l'État peut exercer un recours contre le magistrat, après avoir désintéressé le plaignant.

1. Cas de responsabilité de l'État pour ses magistrats

• Cas général : fonctionnement défectueux du service de la justice. Suppose de la part du magistrat une faute lourde ou un déni de justice. *A fortiori*, la faute personnelle du magistrat, détachable du service, engage la responsabilité de l'État.

• Cas particuliers :
- erreur judiciaire dans le cadre du pourvoi en révision en matière pénale (art. 626-1 C. pr. pén.) ;
- détention provisoire injuste (détenu ultérieurement bénéficiaire d'un non-lieu, d'une relaxe ou d'un acquittement), source d'un préjudice moral et matériel désormais intégralement réparé (L. 15 juin et 30 déc. 2000 ; art. 149 s. C. pr. pén.).

2. Conditions du recours de l'État contre ses magistrats

Uniquement en cas de faute personnelle du magistrat, détachable du service. La faute de service, même lourde n'engage donc que la seule responsabilité de l'État sans recours contre le magistrat.

§ 3 – Le déroulement de la carrière

Placé sous le signe de la hiérarchie, il pose le problème de l'avancement.

I – La hiérarchie judiciaire

Par ordre décroissant, elle comprend :

• **les postes hors hiérarchie** : magistrats de la Cour de cassation (sauf conseillers référendaires et auditeurs), premiers présidents et procureurs généraux des cours d'appel… ; depuis la loi organique du 5 mars 2007, modifiée en 2012, ces postes ne sont dorénavant accessibles qu'aux magistrats ayant accompli une période de mobilité statutaire de deux ans en dehors du corps judiciaire ;

• **les postes du premier grade** : ex. conseillers et substituts généraux des cours d'appel ;

• **les postes du second grade** : par ex. juge d'instance ou de grande instance, substitut du procureur, juge d'instruction…

Remarques :

1. grille commune au siège et au parquet ;

2. distinction de la fonction et du grade : le grade désigne un niveau hiérarchique ; la fonction désigne le poste occupé. Certaines fonctions sont réservées à des magistrats d'un grade déterminé ;

3. caractère temporaire de certaines fonctions pour éviter de se pérenniser dans un même lieu : les fonctions de premier président ou de procureur général de cour d'appel, celles de président de tribunal de grande instance ou de procureur de la République sont limitées à 7 années depuis la loi organique du 25 juin 2001 ; cette disposition vient d'être étendue au nouveau procureur national financier ; les fonctions de juge d'instance, juge des enfants, juge d'instruction ou juge de l'application des peines sont limitées à 10 ans depuis la loi du 26 février 2003.

II – L'avancement des magistrats

Principe : avancement au choix. Autrefois noté, le magistrat est aujourd'hui évalué par son chef de juridiction, après entretien préalable. Cette évaluation est communiquée au magistrat qui a 8 jours pour formuler ses observations. Si elles ne sont pas retenues, il peut former un recours devant la commission d'avancement.

Correctifs : pour éviter l'arbitraire, la loi réglemente l'avancement en posant deux séries de conditions :

- une ancienneté minimale dans le grade précédent ;
- l'inscription sur une liste d'aptitude ou un tableau d'avancement.

À ce niveau, deux garanties :

– l'intervention d'une commission d'avancement : commune au siège et au parquet, elle a été rendue plus démocratique par la loi organique du 25 févr. 1992 : 16 des 18 membres de cette commission étant désormais élus par leurs pairs ;

– la publication du projet de tableau : les listes des magistrats présentés au ministre en vue de l'inscription au tableau sont affichées : les magistrats non présentés peuvent ainsi saisir la commission d'avancement.

En outre les projets de nomination sont diffusés dans les ressorts et auprès des syndicats et associations professionnelles représentatifs de magistrats pour susciter les observations des candidats (système dit de la transparence).

Remarque : des règles particulières concernent les postes hors-hiérarchie en raison notamment du pouvoir de proposition dont est investi le Conseil supérieur de la magistrature à l'égard des magistrats du siège.

Section 2 – Les magistrats du siège et magistrats du parquet

Cette distinction **essentielle** n'est pas affaire de hiérarchie, mais de fonctions et de statut.

§ 1 – Les différences de fonctions

I – Les indications générales

Principe : les magistrats du siège ont pour fonction de juger. On les dit magistrats assis, car ils rendent leurs décisions en cette attitude après avoir éventuellement simplement délibéré « sur le siège ».

Les magistrats du parquet ou ministère public ont pour fonction de veiller à l'observation des lois, au respect de l'ordre public et à la défense de l'intérêt social. On les dit magistrats debout puisqu'à l'audience ils se lèvent pour requérir ou faire connaître l'opinion de la société.

A – Origine de la distinction

Méconnue dans d'autres systèmes juridiques, la distinction a pour origine, sous l'Ancien Régime, les gens du roi :

– le souverain confiait habituellement la représentation ou la défense de ses intérêts au même procureur ou au même avocat « généralement » chargé de ses affaires ;

– celui-ci a donc fini par cesser d'occuper pour d'autres et s'est progressivement intégré au corps judiciaire lui-même.

B – Portée de la distinction

1. Juridictions concernées

Les parquets sont établis près :

• les tribunaux de grande instance (procureur de la République et substituts) ;

• les cours d'appel (procureur général, avocats généraux et substituts généraux) ;

• la Cour de cassation (procureur général, premiers avocats généraux et avocats généraux).

Les juridictions spécialisées n'ont pas de parquet propre, mais peuvent être sous la vue du parquet du tribunal de grande instance : ainsi les juridictions consulaires et les juridictions prud'homales (art. L. 122-2 COJ).

2. Rapports mutuels du siège et du parquet

Ils sont marqués par :

• l'égalité hiérarchique : le parquet n'est pas inférieur au siège. Un président de tribunal de grande instance et un procureur de la République, un Premier président de cour d'appel et un procureur général exercent des fonctions différentes, mais sont l'un vis-à-vis de l'autre à égalité de grade.

NB : par tradition, le protocole accorde cependant à égalité de grade la préséance au représentant du siège sur celui du parquet.

• l'indépendance réciproque : aucune catégorie ne peut adresser d'injonction à l'autre.

Justification : le principe de la séparation des pouvoirs, le parquet étant sous l'autorité d'un membre de l'exécutif, le ministre de la Justice.

Techniquement, ce principe se traduit par celui de la séparation des fonctions, essentiel au pénal : sauf à réserver l'issue de la réforme annoncée de la procédure pénale :

• le parquet est autorité de poursuite ;

• le siège est autorité d'instruction et autorité de jugement.

3. Affectation des magistrats

Il n'existe aucun cloisonnement. Un même magistrat peut faire carrière en passant successivement du parquet au siège ou inversement.

II – Les attributions du parquet

A – Attributions judiciaires

1. Au civil

Le parquet peut intervenir :

a. Par voie de réquisition comme partie jointe

Principe : le parquet n'est pas partie au procès. Il intervient comme observateur impartial pour requérir la solution conforme au droit et à l'intérêt général. Il fait connaître son avis (art. 424 C. pr. civ.).

Conséquences :

- il peut être récusé comme les juges eux-mêmes ;
- il prend la parole le dernier ;
- il ne dispose pas de voies de recours ;
- il ne peut être condamné aux dépens.

Applications :

- intervention facultative en toute affaire où le parquet le juge utile ;
- intervention obligatoire sur demande du juge ou lorsque la loi l'impose (causes relatives à la filiation, procédures de redressement judiciaire, faillites personnelles...).

Technique : la communication du dossier (d'où l'expression : « causes communicables »).

b. Par voie d'action comme partie principale

Principe : le parquet est partie au procès, en demande ou en défense. Situation exceptionnelle, s'agissant au civil de litiges entre particuliers.

Conséquences :

- il est un adversaire et ne peut donc être récusé ;
- il parle selon sa place au procès : le premier s'il est demandeur, le dernier s'il est défendeur (mais il reste sur l'estrade : « erreur de menuiserie ! ») ;
- s'il perd, il dispose des voies de recours ;
- en la même hypothèse, il peut être condamné aux dépens (c'est l'État qui subit cette condamnation).

Applications :

- textes spéciaux accordant au parquet le droit d'agir (ex. nullité de mariage : art. 184 C. civ. ; nationalité : art. 1040 s. C. pr. civ. ; procédures collectives de paiement : loi 26 juill. 2005) ou lui imposant même l'obligation d'agir (ex. représentation des intérêts des personnes morales de droit public devant le tribunal de grande instance) ;
- toute atteinte à l'ordre public (cf. art. 423 C. pr. civ., mettant fin à une controverse ancienne sur cette possibilité générale).

2. Au pénal

Le parquet met en mouvement et exerce l'action publique.

Remarques :

1. Le parquet n'est pas juge, mais partie au procès pénal :

• en première instance, il est nécessairement demandeur et agit toujours comme partie principale :

– il ne peut être récusé,

– il peut perdre son procès, auquel cas l'État sera condamné aux dépens ;

• il dispose des voies de recours s'il perd (relaxe du prévenu) ou même s'il gagne, lorsque le prévenu condamné fait appel : le parquet peut alors faire appel incident pour obtenir une sanction plus sévère : procédé de l'appel *a minima*.

2. Le parquet n'est pas un demandeur ordinaire. Il a en charge les intérêts de la société.

Conséquences :

• Le parquet n'est pas l'adversaire systématique de la personne poursuivie. Il doit avoir en vue l'intérêt général, donc le souci de la vérité et de la justice et celui de l'application de la loi.

En principe, il est libre de déclencher ou non les poursuites. Principe dit de l'opportunité des poursuites qui lui permet d'opérer, au moins provisoirement, un classement sans suite.

Exceptionnellement, il est lié : il peut être tenu d'agir (ordre de l'autorité hiérarchique ou plainte de la victime avec constitution de partie civile) ou de ne pas agir (par ex. absence de plainte de la personne victime d'une diffamation).

• Le parquet a le monopole de l'exercice de l'action publique, prenant tant au stade de l'instruction qu'à celui du jugement toute réquisition utile à l'application de la loi.

À ce titre :

– il n'est pas lié par le retrait de plainte de la victime ;

– il peut au contraire abandonner les poursuites, mais le juge n'est pas dessaisi pour autant.

B – Attributions extrajudiciaires

• Exécution des décisions des juridictions pénales ;

• transmission et notification de certaines procédures ou de certains actes : par ex. :

– notification aux parties de la date d'audience en cas d'appel devant la chambre d'accusation ou la chambre des appels correctionnels,

– réception des significations à l'intention de personnes résidant à l'étranger hors territoire de l'Union européenne ;

• surveillance et direction de la police judiciaire ;

• surveillance de la bonne tenue des registres de l'état civil ;

• contrôle des greffes, des établissements pénitentiaires, des auxiliaires de justice... ;

• avis sur les dossiers de demande d'aide juridictionnelle ;

• protection des incapables et des absents...

§ 2 – Les différences de statut

I – Au plan de l'indépendance

L'indépendance du siège est une condition fondamentale d'une justice sereine. Aussi compte-t-elle davantage que celle du parquet.

A – Situation du siège

1. Garanties accordées aux juges du siège

Les juges du siège sont :

• indépendants : ils ne peuvent recevoir aucun ordre d'un collègue, même supérieur en grade ;

• non substituables : le jugement doit être rendu par les juges qui ont assisté aux débats. S'il se produisait un changement dans la composition de la juridiction, il faudrait reprendre les débats ;

• inamovibles : la Constitution interdit de déplacer un juge même en avancement, sans son assentiment.

NB : l'indépendance se paie donc par la stagnation. On a parfois souhaité qu'existe une garantie d'avancement de plein droit.

2. Garanties accordées contre les juges

Outre les garanties *a priori* que constituent les incompatibilités et incapacités (v. p. 81), certains mécanismes visent à rassurer les suspicions des justiciables :

a. La récusation

Définition : répudiation nominative d'un juge par l'une des parties au procès. Ce juge devra donc être remplacé.

Applications :

– de plein droit et sans motif pour les jurés d'assises (et sous la seule limite d'un quota maximum) ;

– par décision judiciaire sur demande motivée dans les autres cas.

NB : le magistrat qui la pressent peut l'éviter en se « déportant », c'est-à-dire en ne siégeant pas en la cause (art. 339 C. pr. civ.).

b. Le renvoi

Définition : répudiation d'une juridiction en son entier par l'une des parties au procès. Il y aura donc dessaisissement de cette juridiction.

Applications :

– causes de récusation contre plusieurs juges d'une juridiction collégiale ;

– suspicion légitime ;

– considérations de sûreté publique (mais ici uniquement à l'initiative du procureur général près la Cour de cassation).

B – Situation du parquet

1. Vis-à-vis des pouvoirs publics

Principe :

• Les magistrats du parquet sont hiérarchisés et sous la dépendance du garde des Sceaux. Ils doivent obéir aux instructions du ministre ou du magistrat du parquet qui leur est supérieur, sous peine de sanctions disciplinaires (aucune garantie d'inamovibilité) ; la loi du 9 mars 2004 prévoit que dans un souci de cohérence de l'action publique sur l'ensemble du territoire, le garde des Sceaux adresse aux magistrats du ministère public des instructions générales d'action publique. Le ministre pouvait aussi leur dénoncer les infractions dont il avait connaissance et leur enjoindre, par instructions écrites versées au dossier de la procédure, d'engager ou faire engager des poursuites, en sorte qu'un arrêt *Medvedyev* de la Cour européenne de Strasbourg du 10 juillet 2008 a dénié au parquet la qualité d'autorité judiciaire indépendante au sens de l'art. 5 de la Conv. EDH, mais, revenue devant la grande chambre, l'affaire a donné lieu à un second arrêt du 29 mars 2010 qui esquive le débat. La loi du 25 juillet 2013 a dorénavant prohibé les instructions du ministre dans les affaires individuelles ; seules sont possibles des instructions générales de politique pénale. Le procureur général peut en revanche toujours enjoindre aux procureurs de la République de son ressort, par instructions écrites et versées au dossier de la procédure, d'engager ou de faire engager des poursuites ou de saisir la juridiction compétente des réquisitions écrites qu'il juge opportunes.

• Porte-parole d'une même autorité, les magistrats du parquet sont donc interchangeables. Le ministère public est indivisible : un magistrat peut en remplacer un autre au cours d'une même affaire.

Limites :

• L'adage « la plume est serve ; la parole est libre » : l'obéissance n'est due que par écrit ; le magistrat peut dire ce qu'il n'a pu écrire.

• Le garde des Sceaux qui peut sanctionner disciplinairement le refus d'obéissance ne peut se substituer au procureur ou au procureur général dans l'exercice des pouvoirs que lui confie la loi.

2. Vis-à-vis des justiciables

• La récusation n'est possible contre les magistrats du parquet que lorsqu'ils sont partie jointe. Elle est impossible s'ils sont partie principale ;

• le renvoi n'a pas d'application directe contre le parquet.

II – Au plan de l'avancement

Le siège et le parquet ont en commun :

• la même grille d'avancement ;

• la même commission d'avancement (v. p. 85).

Longtemps apanage du siège, le Conseil supérieur de la magistrature est également devenu depuis la réforme constitutionnelle de juillet 1993 commun au siège et au parquet, mais sa composition et son rôle ne sont pas conçus de la même manière.

À noter que la Constitution de 1958 avait initialement brisé, pour éviter la politisation, avec le système de l'élection des membres par leurs pairs retenu par la Constitution de 1946 : les membres du CSM étaient donc tous nommés par le président de la République. Le résultat n'a pas convaincu. La IIIe République avait jugé plus simple de confier à la Cour de cassation le soin de tenir lieu de Conseil supérieur de la magistrature.

Aujourd'hui la loi constitutionnelle de modernisation des institutions de la Ve République du 23 juillet 2008 et la loi organique du 22 juillet 2010 qui la met en œuvre, ont confié non plus au président de la République, mais au Premier président de la Cour de cassation et au Procureur général près cette cour la présidence des formations du CSM.

Les magistrats n'y sont plus majoritaires puisqu'en séance non disciplinaire le CSM comprend dorénavant 7 magistrats de l'ordre judiciaire et 8 non-magistrats, savoir 1 conseiller d'État, 1 avocat et 6 personnalités extérieures au Parlement, à l'ordre judiciaire ou à l'ordre administratif.

A – Formation propre au siège

1. Composition

Outre le Premier président de la Cour de cassation qui préside cette formation :

• 6 magistrats élus par leurs pairs : 5 du siège et 1 du parquet ;

• 1 conseiller d'État élu par le Conseil d'État ;

• 1 avocat nommé par le président du conseil national des barreaux ;

• et les 6 personnalités extérieures au Parlement, à l'ordre judiciaire ou à l'ordre administratif, désignées respectivement par le président de la République, le président du Sénat et le président de l'Assemblée nationale.

Le ministre de la Justice peut « assister » aux séances autres que disciplinaires.

2. Attributions

• Pour les postes de magistrats du siège de la Cour de cassation, ceux de Premier président de cour d'appel et ceux de président d'un tribunal de grande instance, le Conseil supérieur de la magistrature a un pouvoir de proposition ;

• pour tous les autres postes du siège, il donne seulement son avis, mais celui-ci doit être conforme.

B – Formation propre au parquet

1. Composition

Outre le procureur général près la Cour de cassation qui préside cette formation :

• 6 magistrats élus par leurs pairs : 5 du parquet et 1 du siège ;

• le conseiller d'État ;

• l'avocat ;

• et les 6 personnalités extérieures déjà signalées pour le siège.

Le ministre de la Justice ici aussi peut « assister » aux séances autres que disciplinaires.

2. Attributions

• Elle donne un avis sur la nomination des magistrats du parquet (le texte ne dit pas « conforme ») ;

• y compris pour les emplois pourvus en conseil des ministres (procureur général près la Cour de cassation ou près une cour d'appel), la loi organique du 22 juillet 2010 ayant supprimé l'exception qui était posée à leur égard.

C – Formation plénière

1. Composition

Outre le premier président ou le procureur général près la Cour de cassation qui préside cette formation :

• 6 magistrats élus par leurs pairs : 3 du siège et 3 du parquet ;

• le conseiller d'État ;

• l'avocat ;

• et les 6 personnalités extérieures déjà signalées pour les précédentes formations. Le ministre de la Justice ici aussi peut « assister » à la séance.

2. Attributions

• Réponse aux demandes d'avis du président de la République (art. 64 de la Constitution) ;

• réponses aux questions dont le ministre de la Justice saisit le CSM relatives à la déontologie des magistrats ou au fonctionnement de la justice.

III – Au plan de la discipline

A – Traits communs

• Convergence des devoirs professionnels (v. p. 82) sauf quelques nuances liées aux différences de fonction (ex. garder le secret du délibéré) ;

• Convergence de la grille des sanctions (v. p. 83) ;

• Même possibilité de saisine à l'initiative des justiciables depuis la réforme constitutionnelle de 2008 : la demande doit être présentée au plus tard dans l'année qui suit la décision irrévocable rendue dans la procédure à l'occasion de laquelle le magistrat du siège ou du parquet visé par la plainte aurait commis une faute disciplinaire ; trois commissions d'admission des requêtes ont été instituées : 2 pour le siège et 1 pour le parquet, toutes composées paritairement de 2 magistrats et de 2 non-magistrats, désignés annuellement par le président de la formation concernée ; le président de la commission d'admission peut rejeter seul les plaintes manifestement infondées ou manifestement irrecevables ; si la requête donne lieu à ouverture d'une procédure disciplinaire, les membres de la commission de filtrage ne peuvent siéger dans la formation disciplinaire.

B – Éléments de différenciation

1. Discipline des magistrats du siège

• Elle est confiée au Conseil supérieur de la magistrature, siégeant à la Cour de cassation sous la présidence du Premier président ; pour rétablir la parité, le magistrat du siège appartenant à la formation compétente à l'égard des magistrats du parquet vient alors renforcer la composition du Conseil ;

• procédure contradictoire préservant les droits de la défense (accès au dossier et assistance d'un conseil) ; audience normalement publique et non plus à huis clos ;

• décision prise par le Conseil supérieur de la magistrature lui-même en formation disciplinaire. Elle s'impose au ministre. Jadis sans recours possible du magistrat sanctionné, elle relève du contrôle de cassation du Conseil d'État.

2. Discipline des magistrats du parquet

• Procédure assez voisine menée jusqu'en 1993 devant la commission de discipline du parquet et dorénavant devant la formation du Conseil supérieur de la magistrature compétente à l'égard du parquet, en ce cas présidée par le procureur général près la Cour de cassation et renforcée dans un objectif de parité par le magistrat du parquet appartenant à la formation compétente à l'égard des magistrats du siège ;

• mais débouchant sur un simple avis ;

• la décision incombe au ministre lui-même :

– acte administratif susceptible d'un recours pour excès de pouvoir devant le Conseil d'État,

– acte discrétionnaire, le ministre n'étant pas tenu de suivre l'avis reçu.

NB : un projet de réforme constitutionnelle adopté en avril 2016 par l'assemblée nationale remettrait en question l'essentiel de ces différences statutaires : comme leurs collègues du siège, les magistrats du parquet seraient nommés sur avis « conforme » du CSM et sanctionnés disciplinairement par lui. Mais la convocation du Congrès indispensable à l'adoption d'une réforme constitutionnelle n'est pas à l'ordre du jour.

Pour aller plus loin

Bibliographie

• G. Canivet et J. Joly-Hurard, *La déontologie du magistrat*, coll. « Connaissance du droit », Dalloz, 3e éd., 2014.

• L. Lemesle et F.-J. Pansier, *Le procureur de la République*, coll. « Que sais-je ? », PUF, 1998.

Chapitre 2
Les juges administratifs

L'essentiel

Les juges administratifs n'appartiennent pas à un corps unique ; des règles distinctes concernent les conseillers d'État, les magistrats de la Cour des comptes et ceux des tribunaux administratifs et cours administratives d'appel.
Malgré tout, une assez large similitude d'inspiration s'observe au plan de leur recrutement et de leur carrière. Un recrutement latéral permet d'ailleurs certains passages d'un corps à l'autre.
Par rapport aux magistrats de l'ordre judiciaire, trois différences essentielles :
1) Cette absence d'unité de corps.
2) Une moindre dérogation au statut général de la fonction publique.
Il n'existe dans les textes aucun principe général d'inamovibilité. Celle-ci n'est apparue que progressivement à travers des statuts spéciaux : cour et chambres régionales des comptes, tribunaux administratifs et cours administratives d'appel. Les membres du Conseil d'État demeurent théoriquement révocables et leur indépendance n'est garantie que par une règle coutumière au demeurant relayée par la cour de Strasbourg.
3) L'absence de distinction du siège et du parquet.
• Devenus « rapporteurs publics », les anciens « commissaires du gouvernement » auprès des formations contentieuses du Conseil d'État, des tribunaux administratifs et des cours administratives d'appel sont membres à part entière de ces juridictions (par ex. maîtres des requêtes au Conseil d'État ou conseillers de tribunal administratif) et ne sont ni plus ni moins protégés que leurs collègues appelés à siéger. La seule différence réside dans leur fonction :
– ils ne siègent ni ne délibèrent ;
– mais fournissent en toute indépendance à la réflexion de leurs collègues la solution qu'ils estiment la plus conforme au droit.
Devant les tribunaux administratifs et cours administratives d'appel, le rapporteur public n'assiste pas au délibéré ; devant le Conseil d'État et sauf demande écrite contraire d'une partie, il assiste au délibéré, mais n'y prend pas part.
• Seule la Cour des comptes (et à travers elle la Cour de discipline budgétaire) dispose d'un parquet comprenant un procureur général assisté d'avocats généraux. Mais ces fonctions sont ordinairement « déléguées » à des magistrats de la cour ayant déjà rang par ex. de conseiller-maître. Aussi occupent-ils tout à la fois une situation précaire au parquet tout en étant inamovibles à la cour.
Une situation comparable s'observe au niveau des commissaires du gouvernement auprès des chambres régionales des comptes, lesquels sont magistrats de la chambre et en cette qualité inamovibles (L. 2 mars 1982 et 10 juill. 1982).

Section 1 – Le recrutement des juges administratifs

§ 1 – La voie normale

Concours administratifs : ENA depuis 1945. Selon son classement, l'élève reçu s'orientera vers le Conseil d'État, la Cour des comptes ou les tribunaux administratifs.

§ 2 – La voie latérale

À la différence des juridictions judiciaires, les juridictions administratives ont une tradition favorable au tour extérieur :

- Historiquement, le juge administratif est issu de l'administration active.
- Psychologiquement, l'intégration ne concerne que d'autres fonctionnaires.

Le tour extérieur joue :

- au Conseil d'État pour la nomination des maîtres des requêtes ou des conseillers ;
- à la Cour des comptes pour la nomination des conseillers référendaires ou des conseillers maîtres ;
- devant les juridictions administratives plus récentes, ne fût-ce que pour combler les insuffisances d'effectifs : par ex. :
  - tribunaux administratifs et cours administratives d'appel (art. L. 233-3 s. CJA) ;
  - chambres régionales des comptes (art. L. 221-4 s. CJF).

À noter aussi la possibilité d'un détachement de professeurs et maîtres de conférences des universités nommés en surnombre dans les tribunaux administratifs ou cours administratives d'appel (art. L. 233-5 CJA).

Section 2 – La carrière des juges administratifs

§ 1 – Les droits et devoirs professionnels

I – Les obligations professionnelles

Avec des nuances selon les corps, les juges administratifs connaissent les mêmes contraintes que les magistrats judiciaires, destinées à garantir leur impartialité. Une charte de déontologie des membres de la juridiction administrative a été élaborée sous l'égide du Conseil d'État et publiée en janvier 2012 ; un collège de déontologie destiné à éclairer les juges administratifs sur les principes et bonnes pratiques rappelés par cette charte a été mis en place en mars 2012.

A – Incompatibilités

- Interdiction de cumuler leurs fonctions avec toute autre activité professionnelle publique ou privée (sauf travaux littéraires, scientifiques ou artistiques ou charges d'enseignement).

Tempérament : possibilité de détachement, délégation ou mise en disponibilité.

• Interdiction d'exercer un mandat politique national ou, pour les juges à compétence territoriale restreinte, un mandat local dans le ressort de leur judicature.

B - Incapacités

• Incapacité temporaire d'exercice dans un ressort où l'on a exercé un mandat électif ou été candidat à une élection ;

• incapacité temporaire d'exercice dans un ressort où le conjoint « ou concubin notoire » (art. R. 222-4 CJF pour les chambres régionales des comptes) est lui-même député, sénateur… ;

• incapacité de nomination dans une juridiction où siège déjà un parent ou allié.

Remarque : pour renforcer *in concreto* les garanties d'impartialité, possibilité, comme dans l'ordre judiciaire, de récusation ou de renvoi.

C - Obligation de réserve

Selon le statut général de la fonction publique.

À noter que l'interdiction de faire grève, dont le rappel a été jugé superflu, n'est pas fulminée par les textes.

II - Le régime disciplinaire

Principe : régime général de la fonction publique, faute de textes spécifiques.

Limites : garanties spécifiques pour certains corps :

• Conseil d'État : pour les sanctions les plus graves, intervention à titre consultatif d'une commission interne (art. L. 132-2 CJA) ;

• Cour des comptes : elle assure elle-même sa propre discipline ;

• Chambres régionales des comptes : institution du conseil supérieur des chambres régionales des comptes (art. R. 223-1 s. CJF) ;

• Tribunaux administratifs et cours administratives d'appel : institution du conseil supérieur des tribunaux administratifs et cours administratives d'appel investi d'un pouvoir de proposition à l'égard du chef de juridiction (art. L. 232-1 et CJA).

III - L'indépendance

En principe aucune garantie d'inamovibilité, comme l'illustre toujours la situation des membres du Conseil d'État. Mais l'inamovibilité gagne du terrain dans les textes qui de plus en plus reconnaissent aux juges administratifs la qualité de magistrats (statuts particuliers des membres de la cour et des chambres régionales des comptes, des tribunaux administratifs et des cours administratives d'appel).

§ 2 - L'avancement

I - La promotion interne

Principe : le personnel de chaque juridiction est hiérarchisé : par ex. au Conseil d'État : auditeur, maître des requêtes, conseiller.

L'avancement se fait toujours au choix en principe. Mais l'usage ou les textes peuvent tempérer cette règle.

1. Au sein du Conseil d'État : l'usage est de « choisir », mais à l'ancienneté. Une commission consultative interne donne nécessairement son avis.

2. Au sein de la Cour des comptes : les textes peuvent imposer une ancienneté *minima* de service (ex. être trois ans conseiller-maître pour devenir président de chambre).

3. Au sein des chambres régionales des comptes : existence d'un tableau d'avancement et, pour l'accès à leur présidence, d'une liste d'aptitude établis par le conseil supérieur des chambres régionales des comptes.

4. Au sein des tribunaux administratifs et cours administratives d'appel, existence d'un tableau d'avancement et intervention du conseil supérieur des tribunaux administratifs et cours administratives d'appel composé de hauts fonctionnaires, de représentants du corps désignés par leurs pairs et de personnalités extérieures.

II – La promotion externe

Au titre du recrutement latéral existant respectivement devant le Conseil d'État et la Cour des comptes, possibilité :

- pour les membres du corps des tribunaux administratifs et cours administratives d'appel d'accéder au Conseil d'État : v. p. 95 ;
- pour les magistrats des chambres régionales des comptes d'être nommés à la Cour des comptes : v. p. 95.

Titre 2
Auxiliaires de justice

Principe : *ils apportent leur secours (auxilium) aux plaideurs ou aux juges.*
Remarque : *ne pas exagérer la distinction traditionnelle des auxiliaires des plaideurs et des auxiliaires du juge : par ex. un avocat peut compléter le tribunal ou un huissier signifier des actes à la requête d'un particulier ou à la requête du parquet.*

Chapitre 1
Les auxiliaires des plaideurs

L'essentiel

Égarés dans les dédales de la justice, les plaideurs ont besoin du secours de professionnels spécialisés.
Les avocats en sont la première illustration ; membres d'une profession libérale, organisés en barreaux autonomes que coiffe le Conseil national des barreaux (CNB), ils assistent ou représentent leurs clients devant les juridictions contre des honoraires librement consentis ; soumis à une stricte déontologie, ils encourent une responsabilité pénale, civile et/ou disciplinaire.
D'autres auxiliaires peuvent intervenir tels qu'avocats à la Cour de cassation ou huissiers de justice. Leur particularité est ici d'être tous des officiers ministériels, titulaires d'une charge publique dotée d'une valeur patrimoniale liée au droit qui leur est reconnu de présenter leur successeur à l'agrément du garde des Sceaux.

Section 1 – Les avocats

§ 1 – L'organisation de la profession

Source : loi du 31 décembre 1971.

• La version initiale, entrée en application le 16 septembre 1972, a assuré la **petite fusion** des professions d'avocat, d'avoué près le tribunal de grande instance et d'agréé près le tribunal de commerce.

• La version remaniée, issue de la loi du 31 décembre 1990 et entrée en application le 1er janvier 1992, assure la **grande fusion** des professions d'avocat et de conseil juridique.

• La suppression effective au 1er janvier 2012 des avoués près les cours d'appel vient encore de modifier les attributions de la profession.

Perspectives : de nouvelles réformes ne sont pas à exclure ; en témoigne la question redondante de la fusion avocats/juristes d'entreprise.

Principes :

• Profession **libérale** et **indépendante**, organisée en ordres ou barreaux (161 en métropole et 5 pour les DOM-TOM) ;

• À la différence des autres professions libérales, aucune structure ordinale pyramidale du type : ordre local, ordre régional, ordre national.

La profession veut éviter tout ce qui faciliterait un contrôle accru de l'État. **Chaque barreau constitue donc un ordre autonome** ;

Création cependant de :

– **Au plan national** un **Conseil national des barreaux** destiné à doter la profession d'une représentation unique à l'égard des pouvoirs publics (L. 31 déc. 1990 modifiée par la loi du 11 février 2004).

– **Au plan régional** des **conseils de discipline** par ressort de cour d'appel (L. 11 févr. 2004) évinçant, sauf à Paris, la compétence traditionnelle des conseils de l'ordre pour le jugement du contentieux disciplinaire.

I - Le Conseil national des barreaux

A - Composition

80 membres. Désignation simplifiée par la loi du 30 décembre 1995 qui a institué le suffrage direct :

• une moitié du CNB (40 membres) est élue par le collège ordinal regroupant l'ensemble des bâtonniers et membres des conseils de l'ordre des barreaux ;

• l'autre moitié (40 membres) est élue par le collège général regroupant l'ensemble des avocats disposant du droit de vote aux assemblées générales de leur ordre.

B - Attributions

• Représenter la profession à l'égard des pouvoirs publics (ce qui ne supprime pas la représentation syndicale) ;

• unifier les règles et usages professionnels dans le respect des textes législatifs et réglementaires ; le CNB a adopté à ce titre le RIU (règlement intérieur unifié), puis le RIN (règlement intérieur national) des barreaux de France ; avant la réforme de 2004, il pouvait seulement, dans le respect de l'autonomie des conseils de l'ordre, veiller à l'harmonisation des règlements intérieurs, ce qui a valu l'échec de sa tentative d'imposer en 1999 un règlement national : le RIH (règlement intérieur harmonisé) ;

• harmoniser et coordonner les programmes et actions de formation professionnelle ;

• arrêter la liste des personnes susceptibles d'entrer dans la profession à titre communautaire ou étranger ;

• délivrer depuis 2012 les certificats de spécialisation.

II - Les ordres

A - Implantation

Situés en principe auprès d'un tribunal de grande instance ou d'une cour d'appel. Mais la loi permet le regroupement au sein du ressort d'une même cour : par ex. barreaux départementaux.

B - Statut

L'ordre est une personne morale d'intérêt public regroupant obligatoirement tous les avocats (ce qui le distingue d'un syndicat) :

• il est doté d'un patrimoine ;

• il peut ester en justice.

Remarque : tous les ordres sont indépendants les uns des autres, quelle que soit leur taille. La loi du 31 décembre 1990 n'a pas entendu que le Conseil national des barreaux porte atteinte à leur autonomie.

C – Administration

Par un conseil de l'ordre élu par l'assemblée générale de l'ordre (dont font partie les stagiaires et avocats honoraires) qui élit également le bâtonnier appelé à présider ce conseil et le cas échéant, pour le seconder, un vice-bâtonnier.

1. Le bâtonnier

Élu pour 2 ans et éventuellement assisté d'un vice-bâtonnier :

• représente l'ordre, dans les manifestations officielles ou en justice ;

• assure la direction morale du barreau (délivre un avertissement « paternel » en cas de léger manquement aux règles professionnelles) ;

• assume une mission de conciliation (incidents entre avocats ou entre avocats et magistrats) ;

• arbitre à charge d'appel devant la cour les litiges opposant un avocat collaborateur ou salarié et son avocat patron ou employeur ;

• règle les contestations relatives aux honoraires (sous réserve d'un recours devant le Premier président de la cour d'appel) ;

• procède aux désignations au titre de l'aide juridictionnelle ou des commissions d'office.

2. Le conseil de l'ordre

Élu pour 3 ans, renouvelé par tiers tous les ans :

• gère les biens de l'ordre ;

• arrête le règlement intérieur ;

• vérifie les comptabilités ;

• instruit les poursuites disciplinaires ;

• et surtout arrête le tableau, c'est-à-dire statue sur les demandes d'admission, l'ordre étant « maître de son tableau ».

§ 2 – L'accès au barreau

I – Conditions préalables

1. Nationalité française sauf jeu des accords internationaux (ex. Traité de Rome ou accords bilatéraux) ou reconnaissance de la qualité de réfugié ou d'apatride ;

2. Aptitude professionnelle sanctionnée en droit commun par la possession :

• de la maîtrise en droit ou d'un diplôme reconnu équivalent,

• du certificat d'aptitude à la profession d'avocat (CAPA) délivré par un centre régional de formation professionnelle des barreaux après :

– réussite à un examen d'entrée ;

– puis suivi pendant 18 mois d'une formation théorique et pratique comprenant notamment des stages en cabinet et en juridiction ;

– enfin succès aux épreuves du CAPA organisées à l'issue de la période de formation.

Possibilité cependant de dispenses ou d'équivalences du CAPA :

• à titre français : ex. agrégé des facultés de droit, magistrat ou avoué près une cour d'appel souhaitant entrer au barreau ; à relever surtout la possible intégration, sous condition de maîtrise et de 8 ans d'ancienneté, des juristes d'entreprise et, depuis novembre 2005, des juristes salariés d'avocat ; à relever encore l'éphémère décret « passerelle » du 3 avril 2012, abrogé par décret du 15 avril 2013, qui visait à faciliter la reconversion au barreau du personnel politique en mal de position de repli !

• à titre étranger : ressortissant de l'Union européenne apte à l'exercice de la profession d'avocat dans un État membre selon la législation de cet État, avocat étranger déjà inscrit comme tel dans son pays d'origine (sous réserve ici d'un examen de vérification des connaissances en droit français) ;

3. Absence de condamnation pénale ou de déchéance pour agissements contraires à l'honneur, à la probité ou aux bonnes mœurs.

II – Procédure d'accès

• Sous réserve de dispositions transitoires résultant de la fusion des avocats et des conseils juridiques ou de la suppression des avoués près les cours d'appel, aucune entrée de plein droit. Jusqu'à la loi du 11 février 2004, il fallait obtenir successivement son admission au stage, puis son inscription au tableau. Le stage a dorénavant disparu ;

• Le conseil de l'ordre :

1. est maître de son tableau, nonobstant la réunion des conditions légales. Il peut tenir compte d'autres éléments et refuser l'inscription au résultat d'une enquête de moralité ;

2. mais sa décision est susceptible d'appel devant la cour d'appel, tant de la part de l'intéressé que du procureur général.

III – Incompatibilités

• Raison d'être : garantir l'indépendance et le désintéressement de l'avocat. Éviter qu'il ne puisse se consacrer entièrement à ses fonctions ;

• Étendue :

a) Prohibition de toute activité professionnelle concurrente, publique, commerciale ou salariée

Toutefois possibilité :

– d'exercer des fonctions d'enseignement ;

– d'être administrateur judiciaire ;

– d'être administrateur ou membre du conseil de surveillance d'une société commerciale ;

b) En revanche possibilité de cumuler l'exercice de la profession d'avocat et un mandat politique électif (sous réserve de ne pouvoir plaider, selon le cas, contre l'État, sa région, son département ou sa commune).

§ 3 - L'exercice de la profession

Évolution : profondes mutations depuis quelques années, accentuées par la réforme du 31 décembre 1990.

I - Diversification des modalités d'exercice

A - Exercice individuel ou en groupe

Aux formes traditionnelles (associations, sociétés civiles de moyens, sociétés civiles professionnelles) se sont progressivement ajoutées : des formes plus récentes : groupement d'intérêt économique, groupement européen d'intérêt économique ; voire révolutionnaires : sociétés d'exercice libéral inspirées du droit commercial et mises en place par la loi du 31 décembre 1990 :

– sociétés en participation (partenariat) ;

– sociétés d'exercice libéral à responsabilité limitée, à forme anonyme ou en commandite par actions (SELARL, SELAFA ou SELACA) : les professionnels exerçant au sein de la société doivent détenir plus de la moitié du capital social ; *a contrario* 49 % des parts peuvent appartenir à des avocats n'exerçant pas ou plus au sein de la société ou à des membres de professions judiciaires non-avocats.

B - Exercice indépendant ou subordonné

La profession est traditionnellement indépendante de toute autorité externe, mais entre confrères il y a place pour une dépendance interne :

– dépendance économique : un avocat peut être collaborateur d'un confrère ;

– dépendance juridique : depuis la fusion avocats-conseils juridiques, un avocat peut être le salarié d'un confrère. Précédemment hérétique, le salariat n'a été introduit au barreau qu'au prix d'importantes dérogations au droit commun, particulièrement en cas de litiges entre l'employeur et le salarié (arbitrage exclusif du bâtonnier à charge d'appel devant la cour en chambre du conseil).

II - Diversification des responsabilités assumées

• Sur le plan de l'activité judiciaire : depuis la loi du 31 décembre 1971, l'avocat a recueilli les fonctions antérieurement dévolues aux avocats, aux avoués de grande instance et aux agréés ; au 1er janvier 2012 ils ont repris les attributions des avoués d'appel.

• Sur le plan de l'activité extrajudiciaire : la loi du 31 décembre 1990 entend faire du nouvel avocat le principal conseil juridique des entreprises et des particuliers (mais il est très loin d'avoir le monopole de la consultation juridique et de la rédaction des actes sous seing privé).

La loi autorise formellement les mandats de justice (par ex. expertises, médiations, conciliations…). Elle permet également à l'avocat d'être fiduciaire ou mandataire sportif ou de rédiger un acte contresigné par lui et faisant de ce fait pleine foi de l'écriture et de la signature des parties qui, sauf texte expressément contraire, sont dispensées des mentions manuscrites usuellement requises.

La loi consacre surtout la mention d'une ou plusieurs spécialisations inspirées du système antérieurement en vigueur pour les conseils juridiques. Les certificats de spécialisation sont délivrés, après acquisition d'une pratique professionnelle de 4 ans et contrôle des connaissances, par le CNB, les centres régionaux de formation professionnelle étant seulement chargés de l'organisation matérielle des examens.

I – Les fonctions de l'avocat

Elles sont doubles.

A – Fonction d'assistance

1. Contenu

Fonction traditionnelle de l'avocat qui assiste son client :

- par la consultation et le conseil (activité dite juridique) ;
- par la défense en justice et la plaidoirie (activité dite judiciaire).

2. Support juridique

Contrat innomé s'apparentant au louage d'ouvrage :

- Indépendance totale de l'avocat qui est maître de son argumentation, peut refuser le dossier ou s'en dessaisir en cas de conflit avec le client ;
- Rémunération par des honoraires librement débattus et fixés en accord avec le client au moyen d'une convention écrite d'honoraires rendue systématiquement obligatoire depuis le 8 août 2015 sauf aide juridictionnelle totale, urgence ou force majeure.

Remarques :

1. Depuis 1957 l'avocat peut recouvrer en justice ses honoraires en sollicitant une décision du bâtonnier, susceptible d'un recours devant le Premier président de la cour d'appel. Mais procédure peu utilisée, dans la mesure où elle accorde à un magistrat un droit de contrôle sur le montant des honoraires. La pratique préfère éviter toute difficulté par l'usage de la provision.

2. Prohibition du pacte *de quota litis*, mais admission d'un honoraire complémentaire de résultat, nécessairement convenu à l'avance avec le client.

3. Possibilité pour le client de demander le bénéfice de l'aide juridique ou la désignation d'un avocat d'office pour éviter de le rémunérer (v. p. 140 s.).

3. Prérogatives

L'avocat :

- dispose de plein droit du droit de donner des consultations juridiques et de rédiger des actes sous seing privé pour autrui au regard de la réglementation édictée par la loi du 31 décembre 1990 ;
- exerce sa mission d'assistance devant toute juridiction publique, disciplinaire ou arbitrale, sans aucune limitation territoriale (par ex. un avocat au barreau de Lille peut plaider à Marseille) ;
- dispose du monopole de la plaidoirie devant les tribunaux de grande instance, les cours d'appel, les tribunaux répressifs et les tribunaux administratifs, sauf la

possibilité pour les parties de se défendre elles-mêmes avec l'autorisation du président. Ce monopole n'existe pas devant les tribunaux d'instance, tribunaux de commerce et juridictions sociales ;

• bénéficie d'une immunité pour ce qu'il dit ou écrit, dès lors que son propos est utile à la défense et n'est pas injurieux pour la juridiction ;

• le cabinet et la correspondance de l'avocat sont en principe inviolables. Mais une perquisition est possible dans le cadre d'une information judiciaire, par le juge d'instruction lui-même et en présence du bâtonnier.

B – Fonction de représentation

Évolution :

• Avant 1972, l'avocat ne représentait son client que devant les juridictions d'exception. Devant le tribunal de grande instance, la représentation (dite « postulation ») était le monopole de l'avoué ;

• Depuis 1972 (entrée en application de la loi du 31 déc. 1971 fusionnant les professions), l'avocat peut représenter son client devant toute juridiction sauf les cours d'appel extérieures à son ressort et la Cour de cassation.

1. Support juridique

Contrat de mandat : les actes accomplis par l'avocat liant son client au nom de qui il agit (*mandat ad litem*).

Remarques :

1. Jusqu'au nouveau Code de procédure civile (1975), existence d'une procédure de désaveu permettant au mandant de faire tomber les actes accomplis par son mandataire judiciaire sans pouvoir ou au-delà de ses pouvoirs.

Le nouveau Code de procédure civile a supprimé cette possibilité. L'avocat est réputé vis-à-vis du juge et de l'adversaire avoir reçu pouvoir (art. 417). Seul recours du client : mettre en jeu la responsabilité professionnelle de l'avocat.

2. En principe l'avocat est cru sur parole : il est dispensé de produire une procuration.

3. Dans le cadre de sa mission de représentant, l'avocat est amené à manier des fonds pour le compte de son client ou de l'adversaire. La loi met à sa charge :

• des obligations particulières de comptabilité pour les règlements pécuniaires ;

• et une obligation d'assurance.

Les barreaux ont créé des CARPA centralisant ces règlements pécuniaires. Le décret du 5 juillet 1996 les a soumises à une commission nationale de contrôle et à la surveillance d'un commissaire aux comptes.

2. Variantes

a. Devant le tribunal de grande instance

• L'avocat a le monopole de la représentation ;

• en contrepartie, il ne peut se décharger sans conditions de sa mission (art. 419 C. pr. civ.) ;

• rémunération jusqu'à la loi Macron du 6 août 2015 par un tarif officiel fixant ses émoluments (ancien tarif des avoués de première instance) ; la rémunération prend aujourd'hui la forme d'honoraires ;

• **activité territoriale :** jusqu'au 31 août 2016, l'avocat ne pouvait postuler que devant son propre tribunal de grande instance ; à compter du 1er septembre 2016 et sous réserve de quelques procédures particulières (saisies immobilières par ex.), il peut postuler devant tout tribunal de grande instance du ressort de sa cour d'appel. À noter en conséquence la possible intervention de deux avocats : le plaidant et le postulant. À noter aussi qu'une association ou une société peut postuler en tout ressort où se trouve personnellement inscrit l'un quelconque de ses membres ou de ses avocats salariés ou collaborateurs.

b. Devant la cour d'appel dont dépend son barreau

• L'avocat a le monopole de la représentation avec tous ses confrères des autres barreaux compris dans le ressort de cette cour ;

• les règles de la postulation devant le TGI se retrouvent *mutatis mutandis*, mais le tarif des avoués d'appel n'a pas été étendu au barreau pour les procédures postérieures au 1er janvier 2012.

c. Devant les autres juridictions où l'avocat peut représenter son client

→ Il n'existe ni monopole, ni territorialité, ni tarif.

II – Les devoirs professionnels de l'avocat

Existence d'une stricte déontologie :

- rappelée par le serment ;
- et qui a pour source :
  - les textes législatifs et réglementaires relatifs à la profession, particulièrement le décret du 12 juillet 2005 relatif à la déontologie ;
  - les règles et usages professionnels, émanant de la profession elle-même et pour la plupart repris par le règlement intérieur national ou le règlement intérieur local du barreau auquel l'avocat appartient.

A – Contenu des devoirs

1. Envers les magistrats

Devoir de déférence et de correction, mais non de servilité (l'avocat peut plaider couvert). D'ailleurs l'avocat peut compléter le tribunal.

2. Envers les confrères et l'ordre

• Devoir général de ne pas manquer (y compris dans sa vie privée) à la dignité, à l'honneur ou la probité ;

• devoir de loyauté : ne pas débaucher la clientèle, ne pas contacter directement la partie adverse, communiquer ses pièces, restituer les pièces adverses… ;

• devoir de confidentialité (correspondances entre avocats).

3. Envers les clients

• Devoir de compétence aujourd'hui favorisé par l'obligation d'une formation continue (20 heures/an) ;

• respect du secret professionnel ;

• devoir de dévouement dans la conduite du procès (obligation de moyen) et l'accomplissement des formalités de procédure (obligation de résultat) ;

• devoir de délicatesse et de modération dans la fixation des honoraires (quatre critères principaux dégagés par la jurisprudence : temps passé, difficulté de l'affaire, frais exposés, notoriété de l'avocat. La loi du 10 juillet 1991 les consacre en ajoutant la situation de fortune du client. Le gain du procès ne permet quant à lui un honoraire de résultat que s'il a été préalablement convenu avec le client).

NB : absence de droit de rétention en cas de non-paiement des honoraires ;

• devoir d'indépendance : l'avocat ne doit pas être le porte-parole d'une thèse absurde ou malhonnête. Au besoin, il doit rendre le dossier.

B – Sanction des devoirs

1. Responsabilité pénale

Par ex. violation du secret professionnel.

2. Responsabilité civile

Par ex. avoir omis d'interjeter appel dans les délais (indemnisation par application de la théorie de la perte d'une chance).

3. Responsabilité disciplinaire

L'avocat est sous le contrôle de sa profession :

• sanctions encourues : de l'avertissement à la radiation, en passant par la suspension à temps ;

• procédure :

– monopole du conseil de discipline dorénavant institué par ressort de cour d'appel et composé de représentants des barreaux du ressort (à Paris, c'est le conseil de l'ordre qui fait fonction de conseil de discipline) ; il est la seule juridiction disciplinaire de première instance depuis la loi du 18 mai 1982 qui a prévu sa compétence pour les « délits d'audience », autrefois justiciables de la juridiction devant laquelle ils avaient été prétendument commis ;

– mais l'arrêté disciplinaire peut faire l'objet de la part de l'avocat ou du procureur général d'un recours devant la cour d'appel : au second degré, l'avocat cesse donc d'être jugé par ses pairs.

Section 2 – Les officiers ministériels

Principe : ils sont titulaires d'une charge par nomination de l'État. Conséquences :

• un monopole (*numerus clausus*) ;

• en contrepartie le **contrôle des pouvoirs publics** et l'impossibilité de refuser leur ministère lorsqu'ils en sont légalement requis.

Remarque terminologique :

1. Tous les officiers ministériels n'ont pas pour vocation première d'être auxiliaires de justice : ex. notaires, commissaires-priseurs judiciaires.

2. Certains officiers ministériels sont aussi officiers publics : ils ont qualité pour instrumenter des actes authentiques doués d'une force probante élevée (ex. : huissiers, notaires). Mais :

• d'autres officiers ministériels ne sont pas officiers publics : ex. avocats au Conseil d'État et à la Cour de cassation ;

• certains officiers publics ne sont pas officiers ministériels : ex. les officiers d'état civil.

§ 1 – Les caractéristiques communes

I – La théorie générale de l'office

Origine : vénalité des charges sous l'Ancien Régime. Abolie à la révolution. Le système reparaît en 1816, mais sous une forme nouvelle qui distingue la finance et le titre :

A – Le titre

• Il est hors du commerce et appartient à l'État qui peut seul le conférer (par arrêté du garde des Sceaux) ;

• de même l'État peut seul créer une charge nouvelle ou supprimer une charge ancienne (*numerus clausus*).

B – La finance

• Elle confère à l'office une valeur patrimoniale pour son titulaire lui-même ;

• mais juridiquement, elle ne constitue pas le prix de l'office (ce qui caractérisait le système de la vénalité).

Elle est la rémunération du droit qui appartient à l'officier de présenter son successeur à l'agrément du garde des Sceaux.

À noter que :

- le titulaire peut disposer à titre gratuit ou onéreux de son droit de présentation, mais il ne peut louer la charge ou la mettre en gérance ;
- l'État contrôle le « prix de cession » (nullité des contre-lettres) ;
- l'État fixe par tarif la rémunération des actes de l'officier.

NB : L'État peut investir une personne physique ou certaines formes limitatives de personnes morales (SCP titulaire d'un office, voire SEL en fonction de la parution des décrets d'application).

II – Les principes généraux d'organisation professionnelle

A – Aptitude professionnelle

• En général conditions d'âge (25 ans au moins), de nationalité, et d'honorabilité (notamment absence de condamnation et de déchéance) ;

• incompatibilité avec l'exercice d'activités professionnelles concurrentes, salariées, commerciales ou publiques ;

• aptitude professionnelle appréciée selon deux critères :
 – la possession d'un diplôme universitaire : la maîtrise en droit (ou tout titre admis en dispense) est exigée pour les huissiers depuis 1996 ; elle l'a été pour les avoués d'appel à compter de 1997 ;
 – un stage de deux ou trois ans selon les cas, généralement sanctionné par un examen professionnel national devant un jury présidé par un magistrat de la Cour de cassation.

Le décret du 21 décembre 1990 permet la nomination des ressortissants de la communauté européenne justifiant à certaines conditions, dans l'un des États membres, soit de l'exercice de la profession, soit du droit de l'exercer.

B – Organisation corporative

• Regroupement obligatoire des membres de la profession au sein d'une structure plus ou moins complexe :
 – à un degré : ex. l'ordre des avocats au Conseil d'État et à la Cour de cassation. Placé sous le contrôle d'un conseil dont les membres et le président sont élus par leurs confrères ;
 – à deux degrés : ex. les avoués près les cours d'appel qui étaient regroupés en chambres de compagnies et au sein de la chambre nationale ;
 – à trois degrés : ex. les huissiers de justice regroupés en chambres départementales, chambres régionales et une chambre nationale.

• Les représentants au sein des chambres sont généralement élus par leurs pairs.

• Les degrés inférieurs se préoccupent du règlement, du contrôle des comptabilités et de la discipline (sauf pour les peines les plus graves de la compétence du tribunal de grande instance).

• Le degré supérieur représente la profession auprès des pouvoirs publics.

C – Modalités d'exercice

• Individuel ou sous forme sociale (SCP, voire pour certaines professions : SEL).

• Tendance à l'apparition d'un salariat interne : ainsi un huissier peut être salarié d'une personne physique ou morale titulaire d'un office d'huissier (loi du 22 décembre 2010).

§ 2 – Les fonctions particulières

I – Les avoués près les cours d'appel

Leur mission était de représenter leurs clients devant la cour d'appel ; la loi du 25 janvier 2011 les a supprimés au 1er janvier 2012, leur permettant notamment de devenir avocats. Dorénavant la postulation devant une cour d'appel est assurée par les avocats des barreaux compris dans le ressort de cette cour.

II - Les avocats au Conseil d'État et à la Cour de cassation

• Ils sont en nombre restreint : 60 charges jusqu'ici (beaucoup sous forme de SCP), mais la loi Macron annonce des créations d'offices au vu des besoins identifiés par l'Autorité de la concurrence et le décret du 20 mai 2016 autorise dorénavant des avocats salariés d'un confrère.

• bénéficiant en principe d'un monopole en raison de la spécialité de leur tâche (des exceptions toutefois : par ex. devant la Cour de cassation, les pourvois en matière prud'homale) ;

• exercent tout à la fois devant le Conseil d'État et la Cour de cassation les fonctions des avocats et des avoués :

- ils sont représentants de leurs clients, c'est-à-dire mandataires *ad litem* ;
- mais ils plaident également pour leurs clients et perçoivent des honoraires librement débattus, dorénavant fixés par convention écrite sauf force majeure.

Remarque : en pratique, la plaidoirie se réduit à quelques courtes observations orales sur les mémoires qu'ils ont rédigés.

III - Les huissiers de justice

Origine : les anciennes professions :

• d'huissiers, chargés du service intérieur des tribunaux (cf. le mot « huis ») ;

• de sergents, chargés de signifier et d'exécuter les décisions de justice.

A - Rôle général

L'huissier a le monopole :

• Des significations judiciaires et extrajudiciaires qui obéissent à un formalisme rigoureux.

Remarque : la concurrence de la poste, les pouvoirs publics préférant plutôt à l'époque actuelle les notifications par lettres recommandées. Mais cette tendance n'est pas uniforme :

- la signification par huissier est plus onéreuse ;
- mais elle est incomparablement plus sûre, l'huissier devant accomplir des diligences précises pour trouver le destinataire en personne.

• De l'exécution forcée des actes publics (jugements et grosses notariées revêtus de la formule exécutoire) : expulsions, saisies.

Mais il ne peut agir que dans la limite de sa circonscription territoriale, fixée au département depuis le 1er janvier 2015.

B - Autres attributions

• Les huissiers assurent le service intérieur des tribunaux (huissiers audienciers).

• En raison des garanties qu'ils présentent, l'habitude est venue de recourir aux huissiers pour dresser des constats qui, sauf en matière pénale où ils ne valent qu'à titre de simple renseignement, font foi jusqu'à preuve contraire depuis la loi du 22 décembre 2010.

Pour aller plus loin

Bibliographie

- A. Damien et H. Ader, *Règles de la profession d'avocat*, coll. « Dalloz Action », Dalloz, 15e éd., 2016/2017.
- J.-J. Taisne, *La déontologie de l'avocat*, coll. « Connaissance du droit », Dalloz, 9e éd., 2015.

Sites utiles

- www.avocatfrance.com et www.cnb.avocat.fr
- www.ordre-avocats-cassation.fr
- www.huissier-justice.fr

Chapitre 2
Les auxiliaires des magistrats

L'essentiel

Mémoire et plume du tribunal, le greffier assiste le magistrat ; le greffe fait d'ailleurs partie intégrante de la juridiction. Mais ponctuellement les magistrats peuvent aussi prendre l'avis d'experts sur des questions techniques. Plus récemment sont apparus conciliateurs et médiateurs qui peuvent décharger le juge, et des assistants de justice qui peuvent l'aider dans la préparation de la décision.
Certains contentieux, tel le contentieux pénal ou encore celui des procédures collectives, font intervenir, en amont ou en aval, de nombreux auxiliaires : police judiciaire, agents de probation, éducateurs... mandataires au redressement ou à la liquidation des entreprises.
Les auxiliaires des magistrats apportent au juge un concours, matériel ou intellectuel, occasionnel ou permanent. Leur caractéristique essentielle est leur diversité : diversité des statuts et diversité des tâches.

Section 1 – Les auxiliaires traditionnels

§ 1 – Les greffiers

Aucune juridiction ne peut fonctionner sans l'assistance matérielle d'un secrétariat ou « greffe ».

I – Les attributions des greffes

Mémoire et plume du tribunal, le greffier « assiste le magistrat à l'audience et dans les cas prévus par la loi » (art. R. 812-11 ancien COJ).

Dans le sillage de l'activité de la juridiction :

- il dresse les **actes du greffe**, tient le répertoire général des affaires ou rôle, ouvre et constitue les dossiers de chaque affaire, tient le registre d'audience ou plumitif ;
- il assiste aux audiences et y tient la plume ;
- il est dépositaire des **minutes et archives** de la juridiction ; il délivre les copies et expéditions et a la garde des scellés et pièces déposées au greffe ;
- dans certaines procédures (par ex. administrative ou prud'homale), il assure les **notifications** ou les transmissions.

Dans les juridictions dotées d'un parquet, le greffe couvre en principe les services administratifs du siège et du parquet. Il peut cependant exister un secrétariat du parquet autonome (art. R. 123-3 et 123-19 COJ : ex. Cour de cassation et tribunal de grande instance de Paris).

Indépendamment de l'activité juridictionnelle, gracieuse ou contentieuse, le greffier se voit confier des **attributions extrajudiciaires**.

Notamment :

- il enregistre certaines **déclarations** : par ex. au greffe du tribunal de grande instance, renonciations à succession ou acceptations sous bénéfice d'inventaire ;
- il tient certains **registres** : registre du commerce et des sociétés (greffe du tribunal de commerce), répertoire civil et double des registres d'état civil (greffe civil du tribunal de grande instance), fiches nécessaires à la tenue du casier judiciaire (greffe correctionnel du tribunal de grande instance).

NB : pour décharger les magistrats, la loi du 8 février 1995 a transféré aux greffiers en chef des tribunaux de grande instance ou d'instance certaines missions jusque-là dévolues aux juges aux affaires familiales ou aux juges d'instance (par ex. approbation des comptes de tutelle ; délivrance des certificats de nationalité). Elle les a rendus de droit vice-présidents des bureaux d'aide juridictionnelle.

II - Le statut du personnel des greffes

Principe :

• Le greffe est **partie intégrante de la juridiction**. Les directeurs de greffe et greffiers prêtent serment ; sont soumis aux mêmes incompatibilités que les magistrats et sont membres de la juridiction.

• Par voie de conséquence, le statut des greffiers obéit à un **principe de fonctionnarisation**. Évident pour les greffes des juridictions administratives, ce principe ne s'est imposé que récemment pour les greffes des juridictions judiciaires :

- loi du 30 novembre 1965 et décret du 30 novembre 1967 (cas général) ;
- loi du 18 janvier 1979 et décret du 23 novembre 1979 (greffe du conseil de prud'hommes).

Les greffiers sont donc des fonctionnaires de l'État, hiérarchisés selon trois catégories :

- directeurs des services de greffe judiciaires (le directeur de greffe, anciennement greffier en chef, est nommé parmi eux) ;
- greffiers ;
- agents administratifs.

• Par exception, les greffiers des tribunaux de commerce sont demeurés, comme autrefois les greffiers d'instance et de grande instance, des **offices ministériels**, titulaires de leur charge. Ils peuvent exercer individuellement, en SCP ou en SEL.

§ 2 - Les techniciens

Principe : assurée essentiellement par le biais de l'expertise judiciaire, leur collaboration est occasionnelle.

À noter toutefois la formule distincte, d'inspiration anglo-saxonne, de l'*amicus curiae* mise en œuvre par la jurisprudence judiciaire et consistant à inviter gracieusement une personnalité à éclairer le juge : dans l'affaire dite des mères porteuses, l'assemblée plénière de la Cour de cassation a ainsi entendu le président du comité national d'éthique. Le décret du 22 févr. 2010 introduit l'*amicus curiæ* devant les juridictions administratives.

I – Les attributions des techniciens

Éclairer le juge sur un problème technique dont la solution est indispensable au litige. C'est donc le juge qui définit la mission de l'expert.

Exemples : expertise pouvant être :
- médicale ;
- comptable ;
- immobilière.

Remarques :

1. Le juge connaît le droit. L'expertise ne peut porter que sur le fait.

2. En principe facultative (sauf exceptions légales : par ex. action en rescision d'une vente d'immeuble lésionnaire), l'expertise doit demeurer exceptionnelle.

• **Motifs :** elle allonge et renchérit le procès ; elle pourrait conduire le juge à déléguer trop facilement ses pouvoirs.

• **Conséquences :** le Code de procédure civile institue une gradation dont l'expertise est le dernier degré (art. 263 C. pr. civ.) :
- simples constatations ;
- consultation ;
- expertise.

Le Code de justice administrative connaît lui aussi depuis le décret du 22 février 2010 le simple *avis technique* pour des questions ne nécessitant pas d'investigation complexe.

3. Le technicien ne fournit en toute hypothèse qu'un avis. Le juge garde toute liberté d'appréciation (art. 246 C. pr. civ.).

II – Le statut des techniciens

A – Caractère non professionnel de l'expertise judiciaire

Les Codes ne règlent que la mesure d'expertise, non la fonction d'expert.

Justification : le caractère annexe de l'activité d'expertise. L'expert est d'abord médecin, architecte, ingénieur… puisque c'est en raison de son expérience que le juge lui demande de l'éclairer.

Conséquence : la liberté pour le juge, sauf en principe en matière pénale, de désigner n'importe quel professionnel. En pratique cependant, le juge peut recourir par habitude aux mêmes experts, ce qui conduit ceux-ci à privilégier parfois cette partie de leur activité. Dans un souci de bonne justice, la loi du 11 février 2004 veut assurer une meilleure sélection et une meilleure discipline.

B – Contrôle judiciaire des experts

Assuré à trois niveaux :

1. Désignation de l'expert

• Existence de listes régionales ou nationales d'experts judiciaires :
- établies respectivement par les cours d'appel ou la Cour de cassation ;

– la loi du 11 février 2004 impose une période probatoire de 2 ans, les réinscriptions se faisant ensuite par tranches de 5 ans après avis motivé d'une commission associant représentants des juridictions et experts ;
– s'imposant en principe au juge pénal et non au juge civil ;

• En cas de négligences, possibilité pour le juge :
– pour le présent, de procéder au remplacement de l'expert,
– pour l'avenir, de provoquer sa radiation (expert figurant sur une liste) ou de ne plus le nommer (expert ne figurant pas sur une liste).

2. Rémunération de l'expert

Le juge fixe la provision due à l'expert, puis le montant définitif de ses frais et honoraires (taxe).

3. Responsabilité de l'expert

• Civile : retards ou carences, faute dans l'accomplissement de la mission (perte des pièces, erreur grossière ou intentionnelle…) ;

• pénale : violation du secret professionnel, corruption… ;

• disciplinaire (L. du 29 juin 1971 modifiée) : avertissement ; radiation temporaire ; radiation avec privation définitive du droit d'être inscrit.

Section 2 – Les auxiliaires récents

§ 1 – Les conciliateurs et médiateurs

Le juge a mission de concilier (art. 21 C. pr. civ.). Mais il n'en a pas toujours le temps ou les moyens. D'où l'idée de faire appel aux bons offices de tiers qui peuvent le relayer. La formule est à la mode et elle est séduisante pour de petits litiges ou des conflits familiaux dont la solution réclame souvent beaucoup de temps et de patience (*cf.* l'ancien juge de paix). Mais elle n'est pertinente qu'à la condition d'éviter les écueils d'une déjudiciarisation mal conçue (volonté par ex. d'évincer la présence d'un défenseur) et de ne pas renchérir l'accès à la justice (toutes les formules ne sont pas gratuites).

I – Les conciliateurs

Origine : le décret du 20 mars 1978 qui a prévu la désignation par le Premier président de la cour d'appel de conciliateurs dont il détermine la circonscription territoriale. Le décret du 13 déc. 1996 les appelle « conciliateurs de justice » ; le décret du 1er octobre 2010 permet au juge de leur déléguer les tentatives préalables de conciliation prévues par la loi.

A – Mission

Elle se dédouble.

1. La conciliation extrajudiciaire

• Faciliter, en dehors de toute procédure judiciaire, le règlement amiable des différends portant sur des droits dont les intéressés ont la libre disposition ;

- Ils sont donc en ce cas directement saisis par les intéressés eux-mêmes ;
- S'ils réussissent à les concilier, ils constatent par un procès-verbal déposé au tribunal d'instance l'accord intervenu. Les parties peuvent ensuite demander au juge de conférer force exécutoire au PV du conciliateur.

2. La conciliation judiciaire

- Procéder aux tentatives de conciliation déléguées par le juge ;
- Ils sont donc ici désignés par le juge qui n'a pas à solliciter l'accord des parties. La décision fixe la durée de leur mission (3 mois au maximum en principe, sauf possibilité de renouvellement) ;
- Les parties peuvent être assistées devant le conciliateur par une personne ayant qualité pour les assister devant la juridiction ayant délégué la conciliation ;
- Le conciliateur rend compte des difficultés qu'il rencontre au juge qui peut mettre fin à tout moment à la conciliation ; si sa mission va jusqu'au bout, il informe le juge du résultat de celle-ci. En cas d'échec, les constatations du conciliateur et déclarations recueillies ne peuvent être utilisées dans la suite de la procédure sans l'accord des parties, ni dans toute autre instance. En cas de réussite, le constat d'accord établi par le conciliateur peut être soumis au juge pour homologation.

B - Conditions d'accès

Les conciliateurs doivent justifier d'une expérience d'au moins 3 ans en matière juridique, mais ils ne peuvent être auxiliaires de justice en activité.

C - Statut

Ils prêtent serment et sont tenus au secret. Leurs fonctions sont bénévoles. Ils touchent simplement une indemnité forfaitaire pour couvrir leurs frais de correspondances et d'affranchissements.

II - Les médiateurs

A - Au civil

Origine : une pratique inaugurée en matière familiale par déduction de l'art. 21 C. pr. civ. et consacrée par la loi du 8 février 1995. Le médiateur entend les parties et confronte leurs points de vue pour leur permettre de trouver une solution ; en clair, il leur propose un projet de solution. Le décret d'application est du 22 juillet 1996 (art. 131-1 s. C. pr. civ.).

1. Mission

Tenter de rapprocher les adversaires à la demande du juge et avec l'accord préalable des parties, en tout état de la procédure et même en référé. Le juge fixe la durée de cette mission (3 mois au maximum) qu'il peut renouveler ou interrompre. En cas d'accord, le juge peut conférer force exécutoire au PV constatant l'accord.

2. Conditions d'accès

Le Code de procédure civile demande seulement que la personne physique désignée ou agissant avec l'agrément du juge pour la personne morale désignée :

– n'ait jamais été condamnée ou sanctionnée ;
– possède par son activité présente ou passée la qualification requise eu égard à la nature du litige ;
– justifie selon le cas d'une formation ou d'une expérience adaptée à la pratique de la médiation ;
– présente les garanties d'indépendance nécessaires.

3. Statut

Le médiateur est tenu au secret sauf vis-à-vis du juge à qui il rend compte des suites de sa mission. Ses fonctions sont rémunérées par les parties. Lors de sa désignation, le juge fixe la provision à valoir sur sa rémunération et la partie qui a charge de la consigner. Puis les frais sont répartis par parts égales sauf accord des parties ou décision contraire du juge.

B – Au pénal

Origine : ici encore une pratique dorénavant consacrée législativement à l'art. 41-1 C. pr. pén.

1. Mission

Procéder à la demande du procureur de la République et avec l'accord préalable des parties à une médiation entre la victime et la personne susceptible d'être poursuivie, lorsqu'il apparaît au procureur, préalablement à sa décision sur l'action publique, que cette mesure peut assurer la réparation du préjudice subi par la victime, mettre fin au trouble résultant de l'infraction ou contribuer au reclassement de l'auteur des faits.

2. Conditions d'accès

En pratique des structures associatives ou encore des retraités de la gendarmerie. Le décret du 10 avril 1996 impose que la personne physique ou morale désirant être habilitée comme médiateur soit agréée par l'assemblée générale des magistrats du tribunal de grande instance ou de la cour d'appel. Les conditions requises sont :
– de n'exercer aucune profession judiciaire ;
– de n'avoir jamais été condamné ;
– de présenter des garanties de compétence, d'indépendance et d'impartialité.

3. Statut

Tenu au secret, le médiateur rend compte du succès ou de l'échec de sa mission au procureur qui prend alors la décision de classer ou de poursuivre. Une rémunération est assurée (art. R. 92-3° C. pr. pén.).

C – Risques communs

• **L'ignorance des grands principes de la procédure**. Les exigences de qualification prévues par les textes sont trop floues. Sur le terrain, les médiateurs désignés sont rarement formés à l'esprit du droit judiciaire et comprennent souvent mal les exigences du contradictoire ou la présence de l'avocat. La médiation pénale est d'ailleurs en amont de la décision du procureur ; la consultation préalable du dossier par les conseils des parties relève de l'exploit.

• **L'ignorance du droit**. Trop de médiateurs par exemple ignorent comment se liquide un préjudice corporel et poussent la victime d'une agression à accepter des sommes sans rapport avec ce que commandent les principes de réparation civile ou hors la présence des tiers payeurs.

• **La dénonciation au juge**. En cas d'échec de la médiation, l'instance se poursuit ; mais le médiateur fait rapport au magistrat. D'où une tendance naturelle à désigner au juge ou au procureur celle des parties qu'il considère, quelquefois à tort, coupable de l'échec, créant ainsi pour elle un handicap regrettable.

• **Le coût**. Cette médiation judiciaire est payante, même lorsqu'elle échoue. Elle est à charge des parties (médiation civile hors aide juridictionnelle) ou de l'État (aide juridictionnelle, médiation pénale). La formule peut séduire certaines associations en mal de financement.

§ 2 – Les assistants de justice

Origine : loi du 8 février 1995 et décret du 7 juin 1996.

I – Attribution

Dégager les juges des tâches préparatoires à la décision (par ex. recherches de jurisprudence, vérifications de textes, mais aussi en pratique rédaction de projets d'arrêts ou de jugements) ; subsidiairement, contribuer à préparer les futurs candidats aux concours de l'ENM ou de l'ENA (les assistants de justice sont uniquement nommés auprès de magistrats professionnels : tribunaux d'instance ou de grande instance, cours d'appel, Cour de cassation, tribunaux administratifs, cours administratives d'appel, Conseil d'État).

II – Condition d'accès

Formation juridique type bac + 4.

III – Statut

En principe, nomination pour deux ans renouvelable deux fois. Période d'essai de 3 mois. L'assistant est tenu au secret professionnel et prête serment.

Section 3 – Les auxiliaires propres à certains contentieux

Principe : certains contentieux font intervenir des auxiliaires spécifiques :

• Dans le domaine **extrapatrimonial** : contentieux pénal : par ex. intervention d'assistants spécialisés auprès des juges en matière de délinquance économique (art. 706 C. pr. pén.) ; contentieux de l'enfance délinquante ou en danger, contentieux familial (divorce) : par ex. intervention d'enquêteurs sociaux ou de personnalité ;

• Dans le domaine **patrimonial** : contentieux commercial, contentieux des sociétés, contentieux des biens litigieux et successions vacantes : par ex. : désignation d'administrateurs judiciaires ; protection juridique des personnes : par ex. gérants de tutelle ou, à compter du 1er janvier 2009, mandataires judiciaires de protection des majeurs (art. L. 471-1 CASF).

§ 1 – Les auxiliaires de la justice pénale

I – Au stade des poursuites

Rôle important de la police judiciaire.

A – Attributions

Rechercher les infractions ; les constater ; en rassembler les preuves ; identifier leurs auteurs en vue de leur présentation au ministère public.

1. En dehors de toute instruction

La police judiciaire :

• reçoit les plaintes des victimes et les dénonciations et en assure la transmission au procureur de la République ;

• constate par procès-verbaux les infractions commises ;

• recherche par voie d'enquête les auteurs d'infractions :
– enquête sur crime ou délit flagrant (art. 53 à 74-2 C. pr. pén.) ;
– ou enquête préliminaire engagée d'office ou sur instructions du parquet (art. 75 à 78 C. pr. pén.).

2. Dans le cadre d'une instruction,

La police judiciaire accomplit sur commission rogatoire les actes demandés par le juge : constatations, saisies, perquisitions, auditions de témoins.

B – Personnels concernés

La police judiciaire comprend (art. 15 C. pr. pén.) :

• les officiers de police judiciaire (OPJ) ;

• les agents de police judiciaire (APJ) et agents de police judiciaire adjoints (APJA) ;

• les fonctionnaires et agents auxquels sont attribuées par la loi certaines fonctions de police judiciaire (par ex. le procureur de la République lui-même : art. 41 C. pr. pén.).

Remarque : les attributions des personnels de police judiciaire sont en relation avec leur position hiérarchique : un officier de police judiciaire a davantage de pouvoirs qu'un agent de police judiciaire.

C – Encadrement

• Par le procureur de la République qui dirige les opérations de police judiciaire ;

• par le procureur général de la cour d'appel du ressort qui surveille lesdites opérations et note les OPJ ;

• par la chambre de l'instruction de la même cour d'appel qui, saisie par le procureur général ou son président ou d'office, exerce un pouvoir disciplinaire sur les officiers et agents de police judiciaire.

II – Au stade de l'exécution des peines

Intervention de multiples auxiliaires, notamment :

A - En milieu carcéral

• Les personnels de l'administration pénitentiaire ;

• les éducateurs, assistants sociaux ou assistantes sociales, visiteurs de prisons et aumôniers, concourant à la rééducation sociale des condamnés.

B - En milieu ouvert

• Les agents de probation et membres des comités de probation, assurant le suivi des condamnés bénéficiaires d'un sursis avec mise à l'épreuve ;

• les agents et membres des comités d'assistance aux libérés assurant obligatoirement le suivi des condamnés bénéficiaires d'une libération conditionnelle ou, sur leur demande, le suivi des condamnés définitivement libérés.

§ 2 - Les auxiliaires de la justice commerciale

Rôle important des administrateurs et mandataires judiciaires, professionnels libéraux chargés :

• de la gestion ou de la liquidation des entreprises sous procédure collective de paiement ;

• de l'administration provisoire des sociétés dont les associés sont en conflit ;

• de la liquidation d'une société dissoute...

Leur intervention est également possible devant le tribunal de grande instance (sociétés civiles, procédures collectives applicables à certains non-commerçants).

I - Décret du 20 mai 1955

Relatif aux syndics et administrateurs judiciaires constitue le premier effort d'organisation de ces professions :

• définition des conditions préalables d'inscription : nationalité, âge, moralité, stage et examen professionnels ;

• nécessité d'être inscrit sur proposition d'un tribunal de commerce ou de grande instance sur la liste dressée annuellement par la cour d'appel ;

• constitution d'une association nationale garantissant la responsabilité professionnelle et assurant par elle-même ou ses compagnies régionales le contrôle des comptabilités et la discipline de ses membres (les sanctions les plus graves étant cependant de la compétence du seul tribunal de grande instance).

Mais la profession peut être exercée à titre principal ou accessoire (huissiers, commissaires-priseurs, anciens avoués devenus avocats en 1972).

II - Loi n° 85-99 du 25 janvier 1985

Elle bouleverse cette organisation en définissant le nouveau statut des administrateurs judiciaires, mandataires-liquidateurs et experts en diagnostic d'entreprise.

1. Idée-force de la loi

L'incompatibilité entre la qualité d'administrateur judiciaire et celle de mandataire-liquidateur.

• L'administrateur judiciaire assiste ou surveille le débiteur pour assurer la survie de l'entreprise. Au résultat d'un bilan économique et social, dressé avec le concours au besoin d'experts en diagnostic d'entreprise, il élabore le plan de redressement ou propose la liquidation.

• Le mandataire-liquidateur représente les créanciers (d'où l'incompatibilité vue *supra*), durant la phase d'observation, et procède à la liquidation, lorsque le redressement est impossible.

2. Les deux professions ne sont d'ailleurs pas à l'époque organisées à l'identique :

• Les administrateurs sont inscrits sur une liste **nationale**, divisée en sections régionales par cours d'appel ;

L'inscription et la discipline relèvent donc d'une **commission nationale** présidée par un magistrat de la Cour de cassation ;

• les liquidateurs sont inscrits sur une liste **régionale** spécifique à chaque cour d'appel.

L'inscription et la discipline relèvent de la **commission régionale** instituée auprès de cette cour et que préside l'un de ses magistrats du siège.

III – Textes ultérieurs

Intégré au nouveau Code de commerce (art. L. 811-1 s.), le statut des administrateurs judiciaires et celui des mandataires judiciaires (anciennement liquidateurs) se sont progressivement rapprochés et étoffés.

• Les administrateurs judiciaires et mandataires judiciaires sont tous des mandataires de justice. Ils en retirent :
- protection : usurpation du titre, outrage ou menaces envers un citoyen chargé d'un ministère de service public… ;
- servitudes : caisse de garantie et assurances obligatoires, comptabilité contrôlée par un commissaire aux comptes, surveillance judiciaire (procureur de la République, inspection des services judiciaires), obligations déontologiques et discipline rigoureuse… ;

• ils ne sont titulaires d'aucune charge et n'ont aucun droit de présentation ; un administrateur judiciaire peut désormais exercer en qualité de salarié d'un autre administrateur (décret du 1er avril 2016) ;

• l'inscription et la discipline des mandataires liquidateurs ayant été confiée en 2003 à une commission **nationale** et non plus régionale, comme pour les administrateurs, les deux commissions nationales d'inscription et de contrôle ont été fusionnées par ordonnance du 15 mai 2015 ;

• le master en administration et liquidation des entreprises en difficultés est désormais requis par la loi du 6 août 2015 ;

• depuis cette même loi, l'exercice en qualité de salarié d'un autre mandataire est possible ;

• l'activité est incompatible avec toute autre profession (l'administrateur judiciaire peut cependant depuis la loi du 31 déc. 1990 exercer parallèlement la profession d'avocat) ;

• les honoraires sont tarifés réglementairement ;

• un Conseil national des administrateurs judiciaires et mandataires judiciaires assure la défense des intérêts collectifs de ces professions, organise la formation professionnelle et contrôle les études.

Troisième partie

L'accès à la justice

Principe :

1) *L'accès à la justice est un* ***droit pour tout individu*** *:*

• *La justice française s'est progressivement reconnue accessible aux étrangers en litige entre eux sur son territoire ;*

• *Le principe d'égalité devant la justice a conduit à l'abolition des mesures discriminatoires qui subsistaient à l'encontre des étrangers (L. 9 juill. 1975 abrogeant la cautio judicatum solvi imposée au demandeur étranger en conflit avec un français).*

2) *Du fait de la multitude des juridictions (v. p. 19 s.), l'accès à la justice pose le problème de la* ***compétence des juridictions*** *: le demandeur ne peut s'adresser à n'importe quel juge.*

Remarque : *l'appel à la justice privée : possibilité d'organiser un* ***arbitrage*** *(v. p. 8).*

Deux possibilités :

• *le compromis : convention d'arbitrage conclue en présence d'un litige né : valable en principe, sauf texte contraire (art. 2059 et 2060 C. civ.) ;*

• *la clause compromissoire : convention d'arbitrage conclue avant naissance du litige pour le cas où celui-ci apparaîtrait : en principe valable dans les contrats conclus à raison d'une activité professionnelle, sauf texte contraire (art. 2061 C. civ. réformé en 2001). L'actuel projet débattu au Parlement pourrait en élargir le domaine.*

Titre 1

Le droit d'agir

L'accès à la justice est une exigence des sociétés démocratiques (cf. art. 6 Conv. EDH). L'action en justice traduit le droit accordé à tout citoyen de saisir le juge. Mais ce droit doit être accompagné de garanties de nature à en assurer l'effectivité et de sanctions de nature à en éviter l'abus.

Chapitre 1
L'action en justice

L'essentiel

Facultative et libre, l'action en justice est le droit d'être entendu sur le fond d'une prétention. Elle suppose intérêt et qualité et s'exprime par les différentes formes de demandes ou de défenses. Chaque contentieux civil, pénal ou administratif, connaît sa classification des actions.

Section 1 – La théorie générale de l'action en justice

§ 1 – La nature de l'action

Définition :

Selon l'art. 30 C. pr. civ., l'action est le droit :

• pour l'auteur d'une prétention, d'être entendu sur le fond de celle-ci afin que le juge la dise bien ou mal fondée ;

• pour son adversaire, de discuter le bien-fondé de cette prétention.

I – Les conséquences positives

A – Par ses caractères

L'action est un **pouvoir légal** :

1. Elle est facultative et libre

En ce sens que son titulaire n'est pas tenu d'agir.

Remarque : même en droit pénal, prévaut le principe d'opportunité des poursuites (v. p. 88).

Le droit français rejette la conception du juriste allemand Ihering qui voulait rendre l'exercice de l'action obligatoire au nom de la « lutte pour le droit ».

2. Protection de cette liberté

Il n'est prévu aucune sanction lorsque le procès échoue, sauf abus (v. p. 144).

B – Par son objet

L'action est un droit processuel : le droit d'obtenir du juge une décision sur le fond d'une prétention.

II – Les conséquences négatives

A – Distinction de l'action et du droit subjectif ou substantiel

1. Selon une vieille conception (Demolombe)

L'action serait le droit substantiel mis en mouvement, le droit « à l'état de guerre ».

2. Mais conception erronée

• Certains droits ne sont pas munis d'action : ex. obligation naturelle ;

• certains droits ont perdu leur action : ex. créance prescrite ;

• certains droits ouvrent plusieurs actions : ex. à la suite de l'inexécution d'un contrat, action en résolution ou action en exécution forcée ;

• certaines actions ne correspondent pas à un droit subjectif en la personne de leur titulaire : ex. au pénal, l'action publique ; en matière administrative, le contentieux dit objectif : recours pour excès de pouvoir contre un texte administratif.

B – Distinction de l'action et de la demande

• **La demande n'est que l'expression procédurale** de l'action du seul point de vue de celui qui lance le procès. Son adversaire dispose aussi d'une action qui se manifeste à travers les moyens de défense.

• **L'irrégularité de la demande n'interdit pas** nécessairement de renouveler l'action, alors que la perte de l'action interdit toute demande.

De même, le désistement d'instance (renonciation à la demande) a une portée moindre que le désistement d'action (renonciation à l'action) : v. art. 398 C. pr. civ.

§ 2 – Les conditions d'existence de l'action

I – L'intérêt

« Pas d'intérêt, pas d'action ». L'intérêt doit être :

A – Légitime (art. 31 C. pr. civ.)

Expression ambiguë qui peut signifier :

1. Un intérêt sérieux

C'est une question de densité. La justice est un service qu'on ne peut mobiliser à la légère.

Conséquences :

• l'intérêt doit être positif et concret, c'est-à-dire suffisant. « *De minimis non curat praetor* ». Mais l'intérêt peut être pécuniaire ou simplement moral ;

• l'intérêt doit être né et actuel, c'est-à-dire non éventuel. Toutefois on note une tendance à admettre de plus en plus facilement certaines actions préventives : par ex. art. 145 C. pr. civ.

2. Un intérêt avouable

C'est une question de moralité. L'action n'est pas accordée pour satisfaire un esprit de chicane, non plus que pour rechercher un avantage contraire à l'ordre public et aux bonnes mœurs (*cf.* la jurisprudence *Méténier* qui, avant 1970, écartait l'action en indemnisation de la concubine au nom de l'intérêt légitime juridiquement protégé, ou la jurisprudence qui aujourd'hui ne permet pas à la victime d'un accident de faire reconstituer par le responsable les ressources illicites dont elle a été privée).

B – Personnel et direct

Rejet de l'action populaire permettant à n'importe quel citoyen de dénoncer la violation d'une règle de droit.

Limite :

• dans le contentieux administratif objectif, tout membre du groupe visé par l'acte administratif litigieux est reconnu comme personnellement intéressé à son annulation ; dans le contentieux subjectif, le projet de loi sur la justice du 21e siècle devrait faire apparaître une action de groupe dans l'intérêt de certaines victimes de l'administration ;

• dans le contentieux privé, la loi tend à élargir les possibilités d'action de groupements ayant vocation à défendre des intérêts collectifs : syndicats professionnels et certaines associations, par ex. de consommateurs. La loi du 17 mars 2014 a ainsi introduit une « action de groupe » devant faciliter la réparation des préjudices économiques individuels subis par une pluralité de consommateurs du fait des mêmes manquements d'un professionnel au Code de la consommation ou au droit de la concurrence. La loi du 26 janvier 2016 a également introduit une action similaire permettant la réparation des préjudices corporels des usagers des systèmes de santé. Le projet de loi sur la justice du 21e siècle devrait en faire apparaître dans les domaines des discriminations, de l'environnement et des données personnelles, tout en définissant un socle procédural commun aux diverses actions de groupe.

II – La qualité

Notion très difficile à cerner. Essentiellement fonctionnelle, elle a :

A – Un rôle extensif

L'intéressé pouvant être incapable ou négligent, le législateur habilite une autre personne à agir en ses lieu et place. Cette personne agira donc, non en son nom personnel, mais ès qualités. Par ex. :

• l'administrateur légal au nom de l'enfant mineur ;

• le liquidateur au nom du débiteur en liquidation judiciaire ;

• le créancier au nom de son débiteur négligent en vertu de l'art. 1166 (nouv. art. 1341-1) C. civ. (action oblique) ;

• l'actionnaire au nom de la société (art. L. 225-252 C. com. : action sociale exercée *ut singuli*) ;

• le contribuable aux lieu et place de sa commune qui a refusé ou négligé d'agir (art. L. 212-2 CJA).

B – Un rôle restrictif

Le législateur sélectionne certains intéressés qu'il « qualifie » de préférence à d'autres *pour élever ou combattre une prétention ou pour défendre un intérêt déterminé* (art. 31 C. pr. civ.).

1. Tri de convenance

Au nom d'une hiérarchie des intérêts.

Exemple :

- seuls les époux et non leurs créanciers, même intéressés, peuvent demander le divorce ;
- seul l'outragé et non ses créanciers peut demander réparation d'une atteinte à son honneur.

2. Tri de commodité

De peur d'un débordement d'actions.

Exemple : nul autre que le ministère public n'est qualifié pour défendre l'intérêt général.

Difficulté : la défense des intérêts collectifs d'un groupe ne se confond ni avec l'intérêt général, ni avec l'intérêt particulier du groupement.

En principe :

- les syndicats ont qualité pour défendre, outre leur intérêt particulier, l'intérêt collectif de la profession qu'ils représentent. Mais ils ne peuvent défendre l'intérêt général ;
- les associations ne peuvent défendre que leur intérêt propre, sauf exception légale les autorisant à agir pour la défense des intérêts collectifs qu'elles entendent préserver : ex. les associations de consommateurs depuis la loi du 27 décembre 1973 et celle du 5 janvier 1988.

§ 3 – Les expressions procédurales de l'action

I – Les demandes

A – Demande initiale (demande introductive d'instance)

Définition : acte de procédure, elle concrétise l'exercice de l'action de la part de celui qui lance le procès ou demandeur.

Recevabilité :

1. Conditions de recevabilité de la demande

- L'existence de l'action, c'est-à-dire l'intérêt et la qualité (v. p. 129) ;
- l'exercice régulier de l'action :
  - du point de vue des formes et du contenu de la demande,
  - du point de vue des délais impartis par la loi.

2. Conséquences de l'irrecevabilité

Le juge écarte la demande, sans même examiner le fond.

B – Demandes incidentes

1. Demande reconventionnelle

Définition : demande formée par le défendeur originaire en réplique à la demande initiale de son adversaire et tendant à l'obtention d'un avantage autre que le simple rejet de cette prétention.

Par ex. le mari assigné en prononcé d'un divorce à ses torts réplique en demandant le prononcé du divorce aux torts de son épouse. Elle constitue donc une « contre-attaque ».

Avantages :

- donner au juge une vue plus complète du litige ;
- éviter un second procès, d'où gain de temps et d'argent et élimination des risques de décisions contraires ;
- en matière patrimoniale, faire jouer la compensation au profit du créancier d'un insolvable.

Inconvénients :

- compliquer le procès ; éventuellement sortir de la compétence naturelle du juge saisi de la demande initiale ;
- pousser au contentieux : le défendeur s'efforçant par sa demande reconventionnelle d'intimider le demandeur.

2. La demande additionnelle

Définition : demande par laquelle une partie modifie ses prétentions antérieures.

3. La demande en intervention

Définition : demande dont l'objet est de rendre un tiers partie à la procédure.

4. Régime des demandes incidentes

- Prohibées sous l'ancien droit, car, concentrant les procès, elles faisaient perdre des épices au juge !
- Admises désormais, tant en procédure civile qu'administrative, à la double condition :
  - que la demande incidente se rattache par un lien suffisant aux prétentions originaires ;
  - que la demande initiale soit elle-même recevable.

II – Les défenses

A – La défense au fond

Définition : moyen qui tend à faire rejeter comme non justifiée, après examen au fond du droit, la prétention de l'adversaire (art. 71 C. pr. civ.).

Par ex. le défendeur nie sa responsabilité ou rétorque que la dette est nulle ou a déjà été payée.

Régime : la défense au fond peut être proposée en tout état de cause, jusqu'à la clôture des débats.

B – L'exception de procédure

Définition : moyen de défense permettant, sans aborder le fond, d'élever un obstacle temporaire à l'examen de la demande.

Par ex. soulever l'incompétence du tribunal saisi ou l'irrégularité formelle de la demande.

Régime : parce qu'elle est essentiellement dilatoire, l'exception doit être soulevée *in limine litis*, avant toute défense au fond.

C – La fin de non-recevoir

Définition : moyen de défense étranger au fond mais pouvant écarter définitivement la demande.

Par ex. soulever l'expiration du délai imparti par la loi pour l'exercice de l'action. La demande est irrecevable et ne pourra être réitérée.

Régime :

- proposable en tout état de cause sauf à devoir des dommages et intérêts à l'adversaire en cas d'abstention volontaire de la soulever plus tôt à des fins dilatoires ;
- le juge peut relever d'office les fins de non-recevoir d'ordre public.

Remarque : l'incertitude de la terminologie.

- Le mot « défense » peut viser globalement les trois catégories ci-dessus.
- Le terme « exception » peut s'appliquer à des défenses au fond (exception de jeu ou de compensation) ou des fins de non-recevoir (exception de prescription ou de chose jugée).

Section 2 – Les classifications des actions en justice

§ 1 – Le contentieux civil

I – Les actions patrimoniales et actions extrapatrimoniales

- Les actions patrimoniales concernent les biens composant le patrimoine de la personne : ex. action en revendication de propriété, action en recouvrement de créance.
- Les actions extrapatrimoniales concernent la personne elle-même, sa vie familiale, son honneur ou sa vie privée : ex. action en divorce, action en recherche de paternité, action destinée à empêcher une atteinte à la vie privée.

II – Les actions personnelles et actions réelles

- Les actions personnelles ont pour objet d'obtenir la reconnaissance d'un droit personnel, tel un droit de créance dérivant d'un contrat ou d'un délit.

• Les actions réelles ont pour objet d'obtenir la protection d'un droit réel, tel le droit de propriété ou une servitude.

Remarque : les actions mixtes : par ex. l'acquéreur non livré qui réclame la délivrance de la chose, est à la fois propriétaire de cette chose et créancier de l'obligation de délivrance.

III – Les actions mobilières et actions immobilières

• Les actions mobilières ont pour objet un meuble, corporel ou incorporel (ex. une créance).

• Les actions immobilières ont pour objet un immeuble. Elles étaient traditionnellement de deux sortes : actions pétitoires et actions possessoires, les premières de la compétence du tribunal de grande instance protégeant la propriété, et les secondes de la compétence du tribunal d'instance protégeant la possession. Dans un souci de simplification, le tribunal de grande instance les avait toutes récupérées en 2005. Allant plus loin, la loi du 16 février 2015 a abrogé dans le Code civil les actions possessoires (mais elles apparaissent toujours au Code de procédure civile : art. 1264 s.) !

§ 2 – Le contentieux pénal

I – L'action publique

• Née d'une infraction, elle a pour objet d'obtenir par le prononcé d'une sanction la réparation d'un trouble causé à l'ordre social.

• Mise en mouvement par le ministère public ou la victime, elle ne peut être exercée que par le ministère public. Celui-ci ne peut s'en désister, même si la victime retire sa plainte.

• Elle est de la compétence exclusive des juridictions pénales.

II – L'action civile

• Née de la lésion d'un intérêt privé, elle a pour objet d'obtenir par l'allocation d'une réparation l'indemnisation d'un trouble causé à un intérêt particulier (préjudice subi par la victime d'un vol, d'une escroquerie, de coups et blessures...).

• Elle est exercée par la victime qui peut s'en désister.

• Au choix de la victime, elle peut être portée :
- devant la juridiction civile, sa juridiction naturelle : la victime utilise alors la voie civile ;
- devant la juridiction pénale, par mesure de faveur : la victime utilise alors la voie pénale par le biais d'une constitution de partie civile devant la juridiction répressive.

Avantages :

• simplicité des formes : procédure plus rapide et moins formaliste qu'au civil ;

• renfort de l'accusation : les efforts du ministère public et les preuves qu'il apporte, servent la victime.

Inconvénients :

• par principe, le juge pénal ne peut appliquer que l'art. 1382 (nouv. art. 1240) C. civ. La relaxe ou l'acquittement lui interdit par conséquent d'indemniser la victime, même si cette indemnisation peut être accordée au civil par d'autres règles du droit civil : art. 1384 (nouv. art. 1242), al. 1, par ex. ;

• tempéraments : art. 470-1 C. pr. pén. permettant d'indemniser la victime au pénal même en cas de relaxe, mais uniquement dans les cas de poursuites pour homicide ou blessures involontaires ; art. 4-1 C. pr. pén. (L. 10 juill. 2000) permettant de caractériser une faute civile en l'absence de faute pénale non intentionnelle « au sens de l'art. 121-3 du Code pénal ».

Remarques :

1. Choix irrévocable en principe, au moins lorsque la victime s'est adressée au juge civil (adage *electa una via non datur recursus ad alteram*).

2. Portée devant le juge pénal, l'action civile demeure distincte de l'action publique : le juge statue successivement et séparément sur chacune (ex. le plus net : l'audience civile aux assises : art. 371 C. pr. pén.). Mais elle lui est liée :

- la décision sur l'action publique commande la décision sur l'action civile ;
- l'action civile ne peut être introduite devant le juge pénal après expiration du délai de l'action publique.

3. Portée devant le juge civil, l'action civile échappe aux délais de prescription de l'action publique (L. 23 déc. 1980). Mais prééminence reste au pénal sur deux plans :

- le criminel tient le civil en l'état (saisi de l'action de la victime en réparation des dommages causés par l'infraction, le juge civil doit surseoir à statuer jusqu'à la décision de son collègue pénal ; cette règle n'est pas modifiée par la loi du 5 mars 2007 qui s'attaque à d'autres applications de l'adage) ;
- le criminel a autorité de chose jugée sur le civil.

§ 3 – Le contentieux administratif

Remarques :

1. Le terme recours est préféré au terme action.

2. Absence de classifications légales : les distinctions existantes sont suggérées par la doctrine ou la pratique.

Distinction essentielle :

I – Le contentieux objectif ou contentieux de la légalité

Il regroupe :

• les recours en annulation (actes administratifs argués d'illégalité) : par ex. recours pour excès de pouvoir ;

• les recours en interprétation ou en appréciation de validité d'un acte ;

• le contentieux de la répression : par ex. les contraventions de grande voirie.

II – Le contentieux subjectif ou contentieux des droits

Il concerne les recours dits de pleine juridiction par lesquels la victime ou le cocontractant de l'administration réclame à celle-ci réparation ou paiement.

Chapitre 2
Les mesures entourant l'action en justice

L'essentiel

À l'effet de favoriser l'effectivité de l'action, l'État se doit de réduire au maximum les obstacles que peut rencontrer le plaideur, qu'ils soient matériels, intellectuels ou financiers. La suppression de petites ou moyennes juridictions ne va pas en ce sens. Inversement, l'extension de l'aide juridique satisfait cet objectif.
Mais il faut aussi veiller à décourager les actions abusives : la perte du procès emporte classiquement condamnation aux dépens et aux frais irrépétibles. L'abus constaté justifie en outre dommages-intérêts et amendes civiles.

Section 1 – Les mesures destinées à favoriser l'exercice effectif de l'action

Objectif : rendre la justice réellement accessible au triple point de vue : matériel, financier et intellectuel.

§ 1 – La réduction des obstacles matériels

I – La continuité du service public judiciaire

Principe : la justice doit être accessible dans le temps. Elle doit être permanente et continue (art. R. 111-1 COJ).

Conséquences :

• Suppression des vacances judiciaires (Décr. 27 févr. 1974) : l'année judiciaire se déroule sans interruption, les magistrats prenant leurs congés par roulement. Le service est simplement allégé (audiences de vacation) ;

• Interdiction faite aux magistrats de l'ordre judiciaire de se mettre en grève ou d'entreprendre toute action concertée de nature à arrêter ou entraver le fonctionnement des juridictions (v. p. 83) ;

• Institution de procédures d'urgence lorsque le cas requiert célérité :

A – En matière civile

• Le référé, y compris d'heure à heure et même les jours fériés ou chômés, éventuellement au domicile du juge, portes ouvertes (art. 485 C. pr. civ.).

• Devant les juridictions du fond, la procédure à jour fixe (ex. art. 788 C. pr. civ. pour le tribunal de grande instance ; art. 917 C. pr. civ. pour la cour d'appel).

B - En matière pénale

La procédure de crime ou délit flagrant.

C - En matière administrative

Les référés et constats d'urgence.

Limites : les juridictions intermittentes, telles les cours d'assises (v. p. 42). Mais des sessions supplémentaires sont organisées en cas de besoin.

II - L'implantation territoriale des tribunaux

A - Éléments du débat

• La justice doit être accessible dans l'espace. L'idéal est de rapprocher le juge du justiciable.

• Mais en économie de pénurie, on ne peut disperser les moyens.

B - En région parisienne, tendance à l'éclatement

Création après 1970 des tribunaux de grande instance périphériques : Bobigny, Créteil, Nanterre, Pontoise et Évry-Corbeil, puis de la cour d'appel de Versailles.

C - En province, tendance à la concentration

Nonobstant la facilité avec laquelle le langage officiel abuse de l'expression « justice de proximité », tendance au contraire à la concentration. Cette concentration emprunte deux voies :

1. Suppression directe

• Ainsi dans l'ordre administratif, la réforme de 1953 a substitué aux conseils de préfecture qui siégeaient dans tous les départements, une vingtaine de tribunaux administratifs.

• Dans l'ordre judiciaire, la réforme de 1958 a substitué 456 tribunaux d'instance à 2 092 justices de paix. Des décrets en 1999 et en 2005 ont supprimé 43 tribunaux de commerce. Deux décrets du 15 février 2008 ont supprimé, à effet du 1er janvier 2009, 55 tribunaux de commerce (pour 6 créés), à effet du 1er janvier 2010, 178 tribunaux d'instance (pour 7 créés) et à effet du 1er janvier 2011, 23 tribunaux de grande instance. La chancellerie s'est ainsi flattée de réduire de 1 190 à 862 les juridictions qui assurent « le service public de la Justice » ! Il a été décidé en 2013 de rétablir 3 de ces TGI supprimés et, pour 3 autres, d'établir une chambre détachée.

2. Restriction des compétences

Plus subtilement et pour ne pas heurter de front les élus locaux, la restriction des compétences des petits tribunaux, le législateur préférant réserver aux plus gros certains contentieux jugés trop techniques ex. :

• le contentieux de la propriété intellectuelle réservé pour l'essentiel à 7 tribunaux de grande instance seulement ;

• celui des pratiques anticoncurrentielles réservé à 8 tribunaux de grande instance ;

• les infractions en matière économique et financière dans les affaires de grande complexité (L. 6 août 1975) : seuls 35 tribunaux de grande instance sont compétents pour les instruire et les juger ;

• les procédures collectives affectant les entreprises dont le chiffre d'affaires net est d'au moins 40 millions d'euros ou celles qui, employant au moins 250 salariés, ont un chiffre d'affaires net d'au moins 20 millions d'euros (L. 6 août 2015 et décret du 26 février 2016 désignant 18 tribunaux de commerce spécialisés).

Par glissements progressifs, le dessaisissement finit par toucher des matières dont la technicité est affirmée, mais pas toujours vérifiée : par ex. :

- le contentieux de la nationalité ;
- les instructions criminelles ;
- les délits à l'origine d'un accident collectif (loi du 13 déc. 2011). Si l'on n'y prend garde, pourraient s'y ajouter à l'avenir, sous prétexte de « complexité » et de « nécessaire spécialisation », les dossiers de diffamation (loi sur la presse), la responsabilité civile (responsabilité médicale), les liquidations de régimes matrimoniaux, etc.

Pas toujours aperçue des élus, cette *capitis deminutio* de nombreux tribunaux petits ou moyens de province éloigne le juge du justiciable quoiqu'on prétende, outre qu'elle annonce à terme la suppression de ces juridictions.

NB : la création de maisons de justice et du droit (L. 18 déc. 1998) ne compense pas ce mouvement. Elles sont des lieux de prévention, pas de jugement. En revanche le développement annoncé des services uniques d'accueil du justiciable permettra de suivre sur place une procédure menée ailleurs.

§ 2 – La réduction des obstacles intellectuels

I – La modernisation du langage judiciaire

Objectif : rendre la justice intelligible.

Moyen : suppression des tournures archaïques, meilleure présentation des actes…

Limite : le langage judiciaire est nécessairement précis et technique, les concepts juridiques ne pouvant tolérer l'amalgame ou l'approximation.

II – Le droit d'être assisté ou représenté

A – L'assistance

• Toujours possible, car elle est une garantie de bonne justice : un plaideur ne doit pas souffrir de son inexpérience ou de sa timidité.

• Généralement le fait de l'avocat, l'assistance peut devant certaines juridictions être apportée par des proches du plaideur : conjoint, concubin, partenaire pacsé, membres de la famille ou de l'entreprise (tribunal d'instance ; juge de l'exécution) ; collègues de travail ou représentants syndicaux (conseil de prud'hommes)…

• Dans certains cas, l'assistance par un avocat est obligatoire (v. p. 142).

B - La représentation

• À la différence de l'assistance, elle n'est pas toujours possible :
– en matière pénale, le juge a besoin d'interroger la personne poursuivie ;
– en matière civile, la tentative de conciliation ne peut être menée sans les intéressés (par ex. divorce, contentieux prud'homal).

• Lorsqu'elle est autorisée, elle peut être le fait d'auxiliaires spécialisés, ou, selon certaines juridictions d'exception, de proches du plaideur.

• La représentation est parfois obligatoire : ex. par avocat devant le tribunal de grande instance ou devant la cour d'appel, par avocat à la Cour de cassation devant celle-ci.

§ 3 - La réduction des obstacles financiers

I - Le coût de la justice

A - Éléments du débat

• La justice coûte à l'État : rémunération des magistrats, coût de fonctionnement des greffes.

• La théorie du service public n'interdit pas de répercuter ce coût sur les usagers : par ex. le service postal n'est pas gratuit.

• Mais le principe d'égalité devant la justice se satisfait mal d'une justice qui coûterait aux usagers.

B - Étapes de la gratuité

Évolution :

• Abolition par la révolution du système des épices : le justiciable ne paie plus ses juges, devenus fonctionnaires (ou même bénévoles !).

• La loi du 30 décembre 1977 a réalisé la gratuité des justices civile et administrative, supprimant la fiscalité des actes judiciaires par laquelle le plaideur participait au fonctionnement des greffes (droits de timbre, d'enregistrement...). À noter toutefois que subsistait malgré tout un droit de timbre en matière administrative, enfin supprimé par ordonnance du 22 déc. 2003.

• La loi du 4 janvier 1993 a supprimé le recouvrement par l'État des frais de justice pénale à l'encontre des condamnés (art. 800-1 C. pr. pén.).

C - Limites de la gratuité

• Un droit fixe de procédure reste à charge du condamné pénal. Il est recouvré par l'administration fiscale, mais n'est plus garanti par la contrainte par corps.

• Certains droits continuent d'être perçus à l'occasion de procès civils : par ex. après homologation judiciaire d'un divorce par consentement mutuel, les droits d'enregistrement sur le partage de la communauté.

• Le coût des récentes réformes judiciaires a eu tendance à être facilement reporté sur le justiciable à peine d'irrecevabilité de sa demande ou de son recours : taxe de 35 € exigée depuis le 1er octobre 2011 pour abonder l'aide juridictionnelle, mais supprimée à compter du 1er janvier 2014 ; taxe de 150 € depuis le 1er janvier 2012, passée à 225 € le 1er janvier 2015, pour financer l'indemnisation des avoués près les cours d'appel.

II – La rémunération des auxiliaires de justice

A – Éléments du débat

• L'auxiliaire qui assiste ou représente le plaideur est un professionnel indépendant lui apportant son concours.

• Le bénévolat n'est concevable que si ce type d'intervention demeure exceptionnel.

• Au cas contraire, l'auxiliaire doit recevoir une rémunération normale à la charge de la collectivité.

B – L'aide juridique

Origine : loi du 10 juillet 1991 entrée en vigueur le 1er janvier 1992. Cette loi plusieurs fois retouchée et dont la réforme reste une exigence permanente du barreau, distingue quatre variantes :

1. L'aide juridictionnelle

L'aide juridictionnelle se substitue à l'aide judiciaire instituée en 1972 aux lieu et place de l'assistance judiciaire créée en 1851.

• **Domaine :** toute procédure gracieuse ou contentieuse, en demande ou en défense, devant une juridiction judiciaire ou administrative (l'aide s'étend aux procédures, actes ou mesures d'exécution des décisions de justice obtenues avec son bénéfice) ; l'aide peut aussi intervenir en vue de parvenir à une transaction.

• **Délivrance :** par les bureaux d'aide juridictionnelle qui vérifient que le requérant remplit les conditions d'accès :

– personne physique ou exceptionnellement personne morale à but non lucratif ;

– ne dépassant pas les plafonds de ressources fixés par la loi (initialement 4 400 F/mois pour l'aide totale ; 6 600 F pour l'aide partielle ; aujourd'hui 1 000 € par mois pour l'aide totale, 1 500 € pour l'aide partielle ; ces plafonds sont affectés de correctifs pour charges de famille et sont réajustés annuellement), sauf situations exceptionnelles ; à noter que depuis 2002 la condition de ressources n'est plus exigée pour l'action civile en réparation des dommages résultant de certains crimes d'atteintes volontaires à la vie ou à l'intégrité physique ;

– dont l'action ne paraît pas manifestement irrecevable ou dénuée de fondement.

Conséquences :

• **Pour le bénéficiaire de l'aide :**

– il dispose du concours des auxiliaires de justice nécessaires qu'il choisit lui-même ; à défaut de choix ou si ceux-ci refusent, ils lui sont désignés ;

– s'il obtient l'aide totale, il n'a pas à les rémunérer ;

– s'il obtient l'aide partielle, il ne leur verse qu'un complément de rémunération susceptible de répétition contre l'adversaire en fin de procès selon son issue ;

– s'il y a lieu à mesure d'instruction (ex. expertise), il est dispensé d'en avancer les frais.

Remarque : l'aide juridictionnelle n'abrite nullement en fin de procès, si celui-ci échoue, d'une condamnation aux dépens effectivement supportés par l'adversaire (le juge peut cependant mettre une part du remboursement à charge de l'État). Le bénéficiaire de l'aide partielle peut avoir également à rembourser, en cas de perte du procès, une fraction des sommes avancées par l'État au titre des mesures d'instruction. Si le juge considère que le bénéficiaire de l'aide a engagé une action dilatoire ou abusive, il y a retrait de l'aide et obligation au remboursement de la totalité des sommes exposées par l'État.

• **Pour l'auxiliaire choisi ou désigné :**

– il perçoit une « contribution » versée sur fonds d'État et sur la base d'un tarif réglementaire ; les officiers ministériels sont directement payés par l'État ; les avocats le sont par leur CARPA au moyen d'une enveloppe annuelle attribuée par l'État et gérée sur un compte spécial sous contrôle d'un commissaire aux comptes ;

– cette contribution est nécessairement inférieure au montant normal des émoluments ou des honoraires ; l'auxiliaire de justice peut donc renoncer à la percevoir à l'effet de poursuivre contre l'adversaire condamné aux dépens le montant normal de ses émoluments ou la somme allouée par le juge au titre des honoraires ;

– en cas d'aide partielle, la contribution de l'État est complétée par un versement à charge du bénéficiaire de l'aide : émolument complémentaire tarifé pour les officiers ministériels, honoraire complémentaire librement négocié pour les avocats (mais pour éviter tout excès, cet honoraire doit être fixé à l'avance, par convention écrite soumise au contrôle du bâtonnier).

2. L'aide à l'accès au droit

L'aide à l'accès au droit est en législation une innovation de la loi du 10 juillet 1991.

• **Domaine :** la simple consultation juridique, l'assistance au cours de procédures menées devant des commissions non juridictionnelles et l'assistance à la rédaction et à la conclusion des actes juridiques.

• **Délivrance :**

– l'aide à l'accès au droit, contrairement à l'aide juridictionnelle, n'est pas exclusivement financée par l'État ; la loi prévoit la contribution financière des collectivités locales, des CARPA et des autres organismes professionnels des professions judiciaires et juridiques ;

– tous siègent au sein d'un conseil départemental de l'aide à l'accès au droit qui, au besoin selon les suggestions du Conseil national de l'aide juridique, arrête les modalités de l'aide et conclut avec les professionnels concernés les conventions nécessaires.

3. L'aide à l'intervention de l'avocat dans les procédures non juridictionnelles

Elle intervient par exemple :

• au cours de la garde à vue ;

• au cours de la retenue aux fins de vérification du droit de circulation ou de séjour ;

• au cours de la retenue douanière ;

• en matière de médiation pénale et de composition pénale ;

• pour l'assistance aux détenus au cours de procédures disciplinaires et aux personnes placées en rétention de sûreté.

Évolution : Depuis le 1er mars 1993, la personne gardée à vue peut demander à s'entretenir avec un avocat. À défaut d'intervention d'un avocat choisi, l'avocat est désigné par le bâtonnier. Aucune indemnisation n'ayant été prévue, la loi du 24 août 1993 a permis de combler cette lacune sous forme d'une dotation spéciale versée au barreau en fonction du nombre de missions accomplies par ses membres.

La loi du 18 décembre 1998 a étendu l'aide à la présence de l'avocat en matière de médiation pénale et d'enfance délinquante. La liste des procédures visées s'est allongée au fur et à mesure des textes ultérieurs dont le dernier date de décembre 2015.

4. L'aide à la médiation

Apparue en décembre 2015, elle permet à l'avocat de recevoir une rétribution, soit pour avoir assisté un bénéficiaire de l'aide juridictionnelle dans le cadre d'une médiation ordonnée par le juge, soit pour poursuivre dans l'intérêt d'une personne éligible à l'aidc juridictionnelle l'homologation judiciaire d'un accord concluant une médiation non ordonnée par le juge.

C – Les désignations et commissions d'office

• **Domaine :** Contentieux pénal (instruction et jugement) et certaines affaires concernant les incapables mineurs ou majeurs (contentieux de l'assistance éducative ; contentieux de la délégation, de la déchéance ou du retrait de l'autorité parentale ; tutelle des majeurs).

• **Mécanisme :** Désignation d'un conseil par le bâtonnier ou par le président de la juridiction ; si l'intéressé le demande (par ex. art. 80-1 et 417 C. pr. pén. ou 338-7 C. pr. civ.) ; ou même, sans demande de sa part, si l'assistance par un avocat est légalement obligatoire :

- défense pénale aux assises (art. 274 et 317 C. pr. pén.) ;
- défense pénale devant le tribunal correctionnel quand le prévenu est affligé d'une infirmité de nature à compromettre sa défense (art. 417 C. pr. pén.) ;
- contentieux pénal des mineurs (Ord. 2 févr. 1945, art. 6).

Évolution :

• Jusqu'à la loi du 31 décembre 1982, absence totale de rémunération. Le (jeune) avocat commis ou désigné était réputé parfaire sa formation !

• La réforme de 1982 a permis à l'avocat de percevoir, après contrôle des ressources du bénéficiaire par le bureau d'aide judiciaire, soit une modeste indemnité versée par l'État (ressources n'excédant pas le plafond de l'aide totale), soit un honoraire contrôlé par le bâtonnier (ressources entre le plafond de l'aide totale et celui de l'aide partielle).

• La loi du 10 juillet 1991 intègre l'indemnisation des désignations et commissions d'office dans le droit commun de l'aide juridique.

Section 2 – Les mesures destinées à éviter l'exercice abusif de l'action

Raison d'être : la justice est un service public. Un plaideur ne peut, par pur esprit de chicane, la confisquer à son profit.

Principe : les pouvoirs publics utilisent la dissuasion financière, en sorte que l'action ne soit pas un billet de loterie gratuit :

- Mesures *a priori* : les bureaux d'aide juridictionnelle peuvent refuser d'accorder l'aide juridictionnelle à un requérant qui la demande pour introduire une action manifestement infondée. Mais cette mesure n'élimine que le seul plaideur véritablement impécunieux.
- Mesures *a posteriori* : condamnations pécuniaires à l'encontre du perdant.

§ 1 – Les condamnations liées à la perte du procès

Principe : l'équité commande que celui qui succombe ait à rembourser les frais de justice exposés par son adversaire.

I – La condamnation aux dépens

A – Contenu des dépens

1. En matière civile ou administrative

Du fait de la gratuité instituée par la loi du 30 décembre 1977, les dépens correspondent essentiellement :

• aux émoluments tarifés des auxiliaires de justice : actes d'huissiers ; émoluments de l'avoué d'appel ou de l'avocat postulant devant le tribunal de grande instance ;

• aux frais des mesures d'instruction : honoraires d'experts ; indemnités versées aux témoins…

2. En matière pénale

Du fait de la gratuité instaurée par la loi du 4 janvier 1993, les dépens sont remplacés par un droit fixe de procédure (art. 1018 A CGI).

B – Attribution des dépens

1. En matière civile ou administrative

Les dépens sont essentiellement répétibles, c'est-à-dire remboursables par le perdant :

• par principe, les dépens sont pour celui qui succombe ;

• exceptionnellement, le juge peut, mais par décision motivée, mettre tout ou partie des dépens à la charge de l'autre partie (art. 696 C. pr. civ. et art. R. 761-1 CJA).

2. En matière pénale

Elle déroge partiellement à ce schéma :

• la personne poursuivie supporte le droit fixe de procédure en cas de condamnation ;

• le ministère public ne peut en revanche être condamné en cas de relaxe ou d'acquittement.

II – La condamnation aux frais non compris dans les dépens

A – Utilité de cette condamnation

Elle concerne essentiellement les honoraires d'avocats qui, n'étant pas tarifés, ne sont pas compris dans les dépens. S'agissant de sommes « irrépétibles », le gagnant ne peut normalement s'en faire rembourser. D'où la nécessité d'une condamnation spécifique.

B – Conditions et domaine de cette condamnation

1. Elle est à la discrétion du juge

• Dans son principe : le juge peut l'écarter pour des raisons tirées de l'équité ou de la situation économique du perdant ;

• dans son *quantum* : le juge détermine lui-même la somme à charge du condamné dans la limite maxima des frais exposés par le gagnant ; la hauteur de la condamnation est dictée par l'équité ou la situation économique du condamné.

2. Elle est prévue dans toutes les instances

L. 10 juill. 1991, art. 75, mais spécialement rappelée :

• en matière civile : art. 700 C. pr. civ. ;

• en matière pénale, au profit de la partie civile, devant la cour d'assises (art. 375 C. pr. pén.) et le tribunal correctionnel (art. 475-1 C. pr. pén.) ;

• en matière administrative : art. L. 761-1 CJA.

§ 2 – Les condamnations liées au caractère abusif de l'action

Principe : la perte d'un procès n'est pas nécessairement significative de mauvaise foi (incertitude du droit ou de la jurisprudence ; aléa de la preuve…). D'où, complémentairement aux mesures précédentes qui n'étaient que des remboursements et réserve faite des sanctions propres à l'aide juridictionnelle (v. p. 141), un alourdissement de la charge financière en cas d'abus patent.

I – Les dommages et intérêts dus à l'autre partie

Fondement : application de la théorie générale de la responsabilité civile.

A – Conditions de cette condamnation

Celles de la responsabilité : nécessité de démontrer l'existence d'une faute résultant d'un abus du droit d'agir (action dilatoire ou par pure intention de nuire) et d'un préjudice engendré par cette faute.

B – Domaine de cette condamnation

Instances civiles, pénales ou administratives. Mais les juridictions pénales ne peuvent condamner à dommages et intérêts que le plaignant, auteur d'une constitution de partie civile abusive. Si le prévenu voulait caractériser un abus du ministère public, il devrait mettre en jeu, par procédure séparée, la responsabilité de l'État du fait de ses magistrats (v. p. 84).

C - Conséquence de cette condamnation

Allocation de dommages et intérêts pour un montant équivalent au préjudice subi.

II - Les amendes au profit du Trésor public

Principe : amende dite civile, ne réprimant pas une infraction mais un comportement procédural abusif. Elle profite, non à l'adversaire, mais à l'État.

A - Domaine de cette condamnation

1. En matière civile

Les procès civils : principe général posé par l'art. 32-1 du Code de procédure civile, également illustré par les articles 559, 581 et 628 du même Code.

2. En matière administrative

Les procès administratifs : art. R. 741-12 CJA.

Remarque : les amendes civiles ne sont pas prévues en procédure pénale, l'abus étant à craindre uniquement du côté de la victime prétendue, suffisamment alertée par la menace d'une condamnation à dommages et intérêts envers son adversaire (art. 472 C. pr. pén.).

B - Montant de cette condamnation

Jusqu'à 3 000 € selon le texte légal et la décision du juge.

Titre 2
Le juge compétent

Principes :
1) *Le bon fonctionnement de la justice implique une répartition rigoureuse des tâches entre les multiples juridictions existantes. Cette répartition est assurée par les règles de compétence qui déterminent l'aptitude à juger de chaque juridiction :*
- *selon le type de litige : compétence dite d'attribution ;*
- *et selon la localisation du litige : compétence territoriale.*

2) *L'obligation de s'adresser au juge compétent constitue en pratique un écueil sérieux pour le demandeur initial, en particulier en raison de l'incertitude qui règne parfois sur la compétence. L'exemple le plus net à cet égard est celui donné par la répartition des compétences entre l'ordre judiciaire et l'ordre administratif qui est plus l'œuvre du juge que de la loi. Le législateur est conscient de cette difficulté, à preuve l'art. 2241 du Code civil selon lequel une citation délivrée devant un tribunal incompétent interrompt tout de même la prescription.*

Chapitre 1
Le contenu des règles de compétence

L'essentiel

La compétence d'attribution détermine l'ordre, le degré et la nature de la juridiction à saisir. Elle dépend ordinairement de la matière, voire de la valeur du litige ou de la qualité personnelle des plaideurs. Mais la compétence peut être élargie légalement, voire conventionnellement, pour des raisons pratiques.
La compétence territoriale détermine le siège de la juridiction à saisir. Ici encore, les principes directeurs n'excluent pas des compétences exceptionnelles consacrées par la loi ou procédant de clauses attributives de juridiction.

Section 1 – La compétence d'attribution

Elle détermine l'ordre, le degré et la nature de la juridiction à saisir.

§ 1 – La compétence ordinaire

I – Les méthodes de détermination

A – Détermination spéciale (ou positive)

Elle caractérise les juridictions d'exception qui ne peuvent connaître que des seuls litiges dont la loi leur attribue spécialement la connaissance (v. p. 20).

Conséquence : l'interprétation stricte de cette compétence.

B – Détermination générale (ou négative)

Elle caractérise les juridictions de droit commun, lesquelles connaissent des litiges que la loi n'attribue pas spécialement aux juridictions d'exception (v. p. 20).

Conséquence : compétence résiduelle de ces juridictions. Mais possibilité en certains cas de concurrencer les juridictions d'exception lorsque la compétence de ces dernières n'est pas exclusive (notion de plénitude de juridiction de certains tribunaux de droit commun).

NB : les deux types de détermination peuvent se combiner : ex. le tribunal de grande instance qui a tout à la fois compétence spéciale et exclusive en certains domaines (art. L. 211-4 COJ) et compétence générale en matière civile (art. L. 211-3 COJ).

II – Les critères de détermination

A – Énonciation : 3 critères

1. Matière du litige (compétence *ratione materiae*)

Exemple : contestation concernant l'exécution d'un contrat de travail, recherche de filiation, demande en paiement de fermage, action lancée pour les besoins de sa vie non-professionnelle…

2. Qualité personnelle des parties (compétence *ratione personae*)

Exemple : personnes physiques, mineurs d'âge, officiers ministériels, collectivités publiques, ministre dans l'exercice de ses fonctions…

3. Valeur du litige

Exemple : demande en paiement d'une somme excédant ou non 4 000 €, excédant ou non 10 000 €.

B – Mise en œuvre

1. Compétence d'une juridiction

Elle s'apprécie au regard de la demande principale (sur le problème distinct de la compétence au regard des moyens de défense ou demandes incidentes : v. p. 151).

2. Ces critères ci-dessus doivent souvent être combinés

• Matière du litige et qualité des parties :
Exemple : action en responsabilité professionnelle contre un officier ministériel ; contentieux du contrat de travail entre avocat salarié et avocat employeur.

• Matière du litige et valeur du litige :
Exemple : action en paiement de dommages et intérêts excédant ou non 10 000 €.

3. Cas particulier : l'évaluation du litige

• Certaines demandes sont indéterminées : on les assimile à la catégorie la plus haute ;

• le Code de procédure civile fixe en détail le mode de calcul lorsque la demande initiale regroupe une pluralité de prétentions (art. 35 s.).

§ 2 – La compétence élargie

I – Les éléments du débat

• Contre : le bon fonctionnement de la justice nécessite la rigidité des règles de répartition des compétences : chacun selon sa spécialité.

• Pour : il faut à tout le moins nuancer :
– selon que le législateur a attribué une compétence exclusive ou non exclusive ;
– selon que les règles de compétence sont d'ordre public ou d'intérêt privé ;
– selon que l'élargissement concerne la demande initiale ou les autres expressions procédurales de l'action.

II – Au regard de la demande initiale

Problème dit de la prorogation de juridiction : peut-on saisir un tribunal d'une demande introductive relevant de la compétence d'une autre juridiction ?

A – Prorogation légale

Le législateur (ou le juge) admet parfois la prorogation de juridiction :

1. Par souci de simplicité

En cas de connexité ou d'indivisibilité :

Hypothèse : la demande initiale regroupe deux prétentions dont l'une relève de la compétence de la juridiction saisie ; l'autre non, mais elle est trop liée à la première pour en être séparée.

Exemples :

• devant les tribunaux civils : la Cour de cassation admet en principe la prorogation au profit des juridictions de droit commun ;

• devant les tribunaux répressifs : possibilité de déférer aux cours d'assises les délits connexes aux crimes poursuivis et aux tribunaux correctionnels les contraventions connexes aux délits reprochés ;

• devant les tribunaux administratifs : possibilité par ex. pour le Conseil d'État de statuer sur une demande connexe relevant de la compétence d'une autre juridiction administrative : art. R. 341-1 CJA.

Limites :

• prorogation impossible entre juridictions d'ordre différent ;

• prorogation impossible entre juridiction civile et juridiction pénale, s'agissant de leurs compétences exclusives ;

• prorogation impossible au civil entre juridictions d'exception (sous réserve d'une jurisprudence discordante).

2. Par souci de célérité

En certains cas :

Exemples :

• En matière pénale, la cour d'assises a plénitude de juridiction (art. 231 C. pr. pén.) : saisie par erreur à titre principal d'un délit ou d'une contravention, elle peut connaître de l'affaire ; de même, un tribunal correctionnel peut statuer sur une contravention (art. 466 C. pr. pén.) : application de l'adage « qui peut le plus peut le moins ».

• En matière administrative, le Conseil d'État a compétence pour rejeter des conclusions qui auraient dû être présentées à une autre juridiction administrative, lorsque celles-ci sont manifestement irrecevables ; les tribunaux administratifs et les cours administratives d'appel disposent d'une faculté identique à l'égard de conclusions qui auraient dû être soumises au Conseil d'État (art. R. 351-4 CJA) : il est inutile d'allonger par le renvoi à la juridiction normalement compétente un procès dont l'issue est « manifestement » négative.

B - Prorogation conventionnelle

Expresse (clause attributive de juridiction) ou tacite (le défendeur ne soulève pas l'exception d'incompétence).

Mais est-elle valable ?

1. Impossibilité de la prorogation conventionnelle en présence de règles d'ordre public

Exemples :

Répartition des compétences entre les deux ordres, entre les juridictions civiles et répressives, au sein de l'ordre administratif ou au sein de la justice pénale.

2. Possibilité d'une prorogation conventionnelle en présence de règles d'intérêt privé

N'est concernée que la seule justice civile :

• Règle générale : l'art. 41 du Code de procédure civile valide l'accord à deux conditions :

– le litige doit déjà être né ;

– la dérogation concerne les règles de compétence à raison de la valeur du litige (par ex. soumettre à un tribunal d'instance un litige dont l'enjeu est supérieur à 10 000 €).

• Des solutions particulières sont admises selon les juridictions en cause lorsqu'il n'y a aucune atteinte à une attribution de compétence exclusive.

• En dehors de ces solutions, une prorogation tacite est toujours possible avec la complicité du juge, puisque celui-ci n'est jamais tenu en matière civile de relever d'office son incompétence (v. p. 156).

III - Au regard des autres expressions de l'action

Hypothèse : la juridiction saisie est compétente pour connaître de la demande principale. Mais l'évolution du litige fait apparaître au niveau des moyens de défense, demandes incidentes ou incidents de procédure, des questions qui ne relèvent pas de sa compétence.

• La prorogation paraît ici plus naturelle, puisqu'il s'agit de permettre au juge saisi de la demande d'avoir une vue complète du litige ;

• Toutefois des distinctions existent.

A - Moyens de défense

Principe : « le juge de l'action est juge de l'exception ».

Exceptions : les questions préjudicielles de la compétence exclusive d'une autre juridiction :

• le tribunal saisi doit surseoir à statuer dans l'attente de la décision du tribunal compétent (par ex. Cour de justice de l'Union européenne ; tribunal chargé de la faillite ; tribunal administratif...) ; à noter à ce titre que la juridiction de proximité renvoie au juge d'instance toutes les exceptions d'incompétence (art. 847-5 C. pr. civ.) ;

• toutefois les contraintes sont moindres pour les tribunaux répressifs qui peuvent eux-mêmes apprécier la légalité d'un acte administratif réglementaire lorsque celui-ci commande l'application de la peine.

B – Incidents d'instance

Ils sont tranchés par la juridiction saisie de l'instance qu'ils affectent (art. 50 C. pr. civ.).

C – Demandes incidentes

Le Code de procédure civile distingue :

• **le tribunal de grande instance**, juridiction de droit commun, dont il proroge la compétence tant qu'elle ne heurte pas la compétence exclusive d'une autre juridiction ;

• **les juridictions civiles d'exception** qui ne peuvent au contraire connaître d'une demande incidente échappant à leur compétence d'attribution (art. 51). Un régime plus souple est néanmoins prévu pour le tribunal d'instance (art. 38).

Section 2 – La compétence territoriale

Elle détermine le siège de la juridiction à saisir.

En pratique, le problème ne concerne que le premier degré de juridiction :

• la juridiction du second degré est toujours celle dans le ressort de laquelle siège la juridiction de première instance ;

• la juridiction de cassation (Cour de cassation ou Conseil d'État) a pour sa part un ressort qui coïncide avec l'ensemble du territoire national.

§ 1 – Les principes directeurs

I – Les facteurs de détermination

• **D'intérêt privé** : la commodité des plaideurs. L'un au moins devra se déplacer, d'où frais et obstacles psychologiques à l'action.

• **D'intérêt général** : l'administration de la preuve. La solution du procès peut requérir des constatations matérielles, des enquêtes ou des expertises. Il faut donc juger au plus proche du litige.

II – Les solutions retenues

A – Devant les juridictions civiles

Principe : compétence du tribunal dans le ressort duquel demeure le défendeur. Règle traditionnelle (*actor sequitur forum rei*), fondée sur le droit naturel et justifiée par l'équité : le demandeur perturbe la quiétude de son adversaire. À lui de se déplacer.

Dérogations :

• Le souci de protéger une partie peut conduire à un renversement des perspectives : ex. compétence du tribunal du lieu où demeure le créancier d'aliment, ou l'assuré, ou l'époux qui a la garde des enfants, même s'il est en demande.

• Le souci de faciliter la preuve peut également conduire à la désignation d'un autre tribunal :

– autoritairement : lieu du dernier domicile du défunt, lieu de situation de l'immeuble litigieux…

– ou par voie d'option : pour les contrats, choix entre la demeure du défendeur ou le lieu d'exécution ; pour les délits, choix entre la demeure du défendeur, le lieu du fait dommageable ou le lieu du dommage.

B – Devant les juridictions répressives

Principe : compétence du tribunal du lieu de l'infraction.

Dérogations :

- tribunal de la résidence du prévenu ;
- tribunal du lieu de l'arrestation.

C – Devant les juridictions administratives

Principe : lieu du siège de l'autorité qui a pris l'acte attaqué ou signé le contrat litigieux. Règle voulue pour faciliter l'instruction de l'affaire.

Dérogations multiples et disparates ; v. art. R. 312-6 s. CJA.

§ 2 – Les compétences exceptionnelles

I – Les dérogations légales

Principe : le législateur peut déroger à la répartition normale des compétences pour une meilleure administration de la justice.

Applications : par ex. :

- litiges civils concernant un magistrat ou un auxiliaire de justice (art. 47 C. pr. civ.) ;
- suspicion légitime à l'encontre de la juridiction répressive normalement compétente (art. 662 C. pr. pén.) ;
- demande en intervention forcée dirigée contre un tiers : celui-ci ne peut décliner la compétence territoriale de la juridiction saisie de la demande initiale (art. 333 C. pr. civ.).

II – Les clauses attributives de juridiction

Principe : nullité des clauses attributives de juridiction, les règles de compétence territoriale intéressant l'ordre public tout autant que les règles de compétence d'attribution.

Exemples :

- nullité de toute clause dérogeant à la compétence territoriale des juridictions pénales ou administratives ;
- nullité des clauses dérogeant à la compétence territoriale des conseils de prud'hommes (art. R. 1412-4 C. trav.).

Exceptions : certaines clauses sont valides :

- en matière administrative, s'agissant de contrats ou marchés publics (art. R. 312-2 CJA) ;
- en matière civile, s'agissant de clauses stipulées de façon très apparente et uniquement entre commerçants (art. 48 C. pr. civ.).

NB : comme en matière de compétence d'attribution, une extension tacite est possible au civil lorsque le défendeur ne soulève pas l'incompétence et que le juge ne la relève pas d'office (v. p. 156).

Chapitre 2
Les sanctions des règles de compétence

L'essentiel

Le défendeur au procès civil a la faculté de soulever l'incompétence de la juridiction saisie ; s'il ne dit rien, le juge a la faculté, mais dans certains cas seulement, de relever lui-même le moyen ; le juge pénal et le juge administratif doivent au contraire vérifier d'office leur compétence.
Des conflits de compétence peuvent surgir entre l'ordre judiciaire et l'ordre administratif, soit qu'ils revendiquent tous deux leur compétence, soit qu'ils la dénient tous deux. Ces conflits positifs ou négatifs sont réglés par le Tribunal des conflits. Des conflits peuvent également surgir entre juridictions d'un même ordre ; ils sont réglés selon les principes ou procédures propres à chacun des contentieux civil, pénal ou administratif.

Section 1 – La saisine d'une juridiction incompétente

§ 1 – L'incompétence soulevée par une partie

I – Devant les juridictions civiles

C'est une faculté : l'adversaire peut s'abstenir, prorogeant tacitement la compétence de la juridiction saisie (v. p. 151). Mais il faut alors réserver les pouvoirs du juge lui-même (v. p. 155).

Toutefois, si l'adversaire soulève l'exception d'incompétence, le Code de procédure civile veut :

A – Éviter les abus

- L'incompétence doit être soulevée *in limine litis*, avant toute défense au fond ;
- l'exception doit être motivée, et indiquer la juridiction qui, selon son auteur, serait compétente.

B – Éviter les pertes de temps

Le juge peut trancher simultanément la compétence et le fond (sous réserve d'observer le principe du contradictoire) ;

Mais il doit le faire par dispositions distinctes :

1. S'il se déclare compétent et tranche le fond, sa décision est susceptible d'appel

La cour peut infirmer sur la compétence et :

- conserver le litige sur le fond si la juridiction compétente est située dans son ressort ;
- au cas contraire, renvoyer à la cour d'appel dont relève la juridiction compétente.

2. S'il se déclare compétent sans statuer sur le fond ou s'il se déclare incompétent, sa décision est susceptible de contredit

Bien qu'exercé devant la cour d'appel, le contredit se distingue nettement de l'appel :

• il doit être motivé et formé dans les 15 jours du prononcé de la décision ;

• l'audience de la cour doit avoir lieu à bref délai ;

• si le contredit est accueilli, la cour renvoie au tribunal normalement compétent ou évoque l'affaire si ce tribunal est situé dans son ressort. La procédure d'appel prend alors le relais de la procédure de contredit (art. 90 C. pr. civ.).

NB : lorsque le juge s'est déclaré incompétent au profit d'une juridiction administrative, le recours contre sa décision est exceptionnellement l'appel et non le contredit (art. 99 C. pr. civ.).

À relever aussi que lorsque le débat concerne la compétence du tribunal d'instance ou celle d'un juge de proximité de son ressort, la décision ici rendue est sans recours (art. 847-5 C. pr. civ.).

II – Devant les juridictions répressives

Les règles de compétence étant d'ordre public en cette matière, l'exception d'incompétence peut être soulevée en tout état de cause, même pour la première fois en appel ou en cassation.

III – Devant les juridictions administratives

• S'il y a atteinte à la répartition des compétences à l'intérieur même de l'ordre administratif, l'hypothèse est théorique. Depuis 1972 a été mis en place un système préventif qui conduit le juge administratif, saisi à tort d'une requête, à l'adresser à son homologue compétent (par l'intermédiaire du Conseil d'État pour les juridictions inférieures) ;

• S'il y a atteinte à la répartition des compétences entre l'ordre judiciaire et l'ordre administratif, l'exception peut être soulevée en tout état de cause. Mais l'hypothèse est tout autant théorique, le juge étant tenu de vérifier sa compétence.

§ 2 – L'incompétence relevée d'office par le juge

I – Le juge civil

A – Il peut prononcer d'office l'incompétence

Dans quatre séries de situation, limitativement énumérées :

• violation d'une règle de compétence d'attribution d'ordre public : par ex. un litige de nature prud'homale qui serait porté devant un tribunal de grande instance ;

• violation d'une règle de compétence d'attribution alors que le défendeur ne comparait pas ;

• violation d'une règle de compétence territoriale en matière gracieuse : par ex. une demande d'homologation d'un changement de régime matrimonial présentée à un tribunal qui n'est pas celui du domicile des époux ;

• violation d'une règle de compétence territoriale en matière contentieuse : si le litige est relatif à l'état des personnes ou s'il y a atteinte à la compétence exclusive d'une autre juridiction.

À noter que le juge de proximité peut toujours relever d'office son incompétence quel qu'en soit le motif et que le juge d'instance le peut aussi si c'est au profit du juge de proximité (art. 847-5 C. pr. civ.).

B – En toute hypothèse, il s'agit toujours d'une faculté

Le juge n'est jamais tenu de relever son incompétence.

NB : à supposer que l'incompétence n'ait pas été relevée en première instance, elle peut l'être d'office devant la cour d'appel ou devant la Cour de cassation si l'affaire relève de la compétence d'une juridiction répressive ou administrative ou échappe à la connaissance de la juridiction française.

II – Le juge pénal

Il est toujours tenu de relever son incompétence.

III – Le juge administratif

Il est toujours tenu de vérifier sa compétence. Mais, en cas d'incompétence interne à l'ordre administratif, le requérant ne se heurte pas à une décision d'incompétence puisque le dossier est directement transmis à la juridiction administrative compétente, au besoin par l'intermédiaire du Conseil d'État en cas de difficultés particulières (art. R. 351-1 s. CJA).

Section 2 – Les conflits de compétence entre juridictions

Deux juridictions peuvent être d'avis contraire sur la compétence :

• conflit d'attribution entre les deux ordres ;

• conflit de juridiction au sein de chaque ordre.

§ 1 – Les conflits entre les deux ordres

I – La typologie

A – Conflit négatif

L'ordre administratif et l'ordre judiciaire s'affirment tous deux incompétents. Risque encouru : le déni de justice.

B – Conflit positif

Ici, il ne désigne pas l'hypothèse inverse de la précédente, celle où les deux juges s'estimeraient tous deux compétents, mais un conflit entre :

• un tribunal judiciaire retenant sa compétence ;

• et l'administration elle-même qui récuse cette compétence au motif que le litige relèverait de l'ordre administratif. C'est en effet le préfet qui élève le conflit en adressant au juge judiciaire un déclinatoire de compétence. Si le juge rejette ce déclinatoire, le préfet prend alors un arrêté de conflit.

II - Le mode de règlement

A - Tribunal des conflits

Juridiction paritaire créée par la loi du 24 mai 1872 et composée à égalité de représentants des deux ordres (v. p. 9).

B - En cas de conflit positif

Le tribunal a 3 mois pour statuer (4 mois en pratique, puisque le juge judiciaire ne peut reprendre l'examen de l'affaire au fond qu'à l'expiration du mois qui suit ces 3 mois) :

• s'il annule l'arrêté de conflit, le juge judiciaire peut reprendre l'examen de l'affaire au fond ;

• s'il confirme l'arrêté de conflit, c'est le juge administratif qui devra être saisi de l'affaire.

C - En cas de conflit négatif

Le décret du 25 juillet 1960 a mis en place une procédure préventive : lorsqu'après décision d'incompétence d'une juridiction de l'ordre premier saisi, la juridiction de l'ordre saisi en second lieu se trouve en désaccord, elle doit obligatoirement surseoir à statuer et renvoyer la difficulté au Tribunal des conflits.

§ 2 - Les conflits au sein de chaque ordre

I - Les conflits entre juridictions civiles

Principe : ils sont *a priori* exclus par l'obligation faite :

• au juge qui se déclare incompétent de désigner la juridiction compétente ;

• au juge désigné d'accepter ce renvoi (art. 96 C. pr. civ.).

Limites : le risque demeure en cas de :

• **Litispendance :** le même litige est soumis à deux juridictions différentes, de même degré, également compétentes pour en connaître (ex. deux juridictions toutes deux territorialement compétentes).

• **Connexité :** deux litiges distincts, mais liés, sont soumis à deux juridictions, chacune compétente.

En l'un et l'autre cas, on peut craindre :

– que toutes deux se dessaisissent (conflit négatif) ;

– que toutes deux entendent retenir le litige (conflit positif).

Les articles 100 à 107 du Code de procédure civile posent les règles souhaitables :

• préférence est donnée pour connaître de l'affaire :

– à la juridiction saisie la première ;
– et, par voie de conséquence, à la juridiction hiérarchiquement la plus élevée (celle devant laquelle l'instance est la plus avancée) ;

• en cas de double dessaisissement, la dernière décision en date est réputée non avenue.

II - Les conflits entre juridictions pénales

Situation réglée par la procédure dite du règlement de juges (art. 657 s. C. pr. pén.) confié à la juridiction supérieure aux deux juridictions en conflit :

• chambre de l'instruction de la cour d'appel ;

• ou chambre criminelle de la Cour de cassation.

En pratique, les difficultés sont évitées par la solution du dessaisissement amiable que mentionne d'ailleurs l'art. 657 du Code de procédure pénale pour les conflits entre juges d'instruction.

III - Conflits entre juridictions administratives

Également tranchés par la procédure du règlement de juges confié au Conseil d'État.

Mais réduits à une hypothèse d'école, en raison du système préventif institué en 1972 et actuellement repris aux articles R. 351-1 s. CJA.

Quatrième partie

L'œuvre de justice

Indications générales :

- ***Diversité de l'activité judiciaire***

L'activité du juge peut être :

*– **contentieuse** : un litige est soumis au juge (procès) afin qu'il le tranche en disant le droit, c'est-à-dire en faisant stricto sensu acte de jurisdictio ;*

*– **gracieuse** : le juge est saisi d'une demande dont la loi exige, en raison de la nature de l'affaire et de la qualité du requérant, qu'elle soit soumise à son contrôle, quoiqu'il n'y ait aucun litige (art. 25 C. pr. civ.) : par ex. homologation d'un changement de régime matrimonial ;*

*– **administrative** : le fonctionnement même de la juridiction requiert des mesures d'organisation du service (répartition des affaires entre les chambres) ou de suivi du procès (injonction de conclure, remplacement d'un expert...) qualifiées d'actes d'administration judiciaire.*

- ***Spécificité de l'activité juridictionnelle***

Critères de l'acte juridictionnel, ce dernier doit :

– émaner du juge (sur le critère de la juridiction : v. p. 19). Cette condition nécessaire n'est pas suffisante, puisque le juge peut également rendre des décisions gracieuses ou prendre des mesures d'administration judiciaire ;

– trancher un litige résultant de prétentions contraires (v. art. 4 et 12, al. 1 C. pr. civ.).

Plan :

Le détail des règles présidant aux différentes activités du juge relève de l'étude des procédures civile, pénale et administrative. Ne seront donc exposés que les grands principes de l'activité processuelle.

***NB :** L'activité de l'ordre judiciaire en 2014 se traduit par les chiffres suivants : 2 618 374 décisions rendues en matière civile, 1 203 339 décisions rendues en matière pénale dont 2 365 condamnations pour crimes et 608 685 condamnations pour délits, outre 11 424 492 amendes forfaitaires majorées. Il a été introduit 2 746 515 affaires nouvelles civiles et reçu 4 621 486 procès-verbaux d'infractions.*

Titre 1

Le déroulement du procès

L'instance se déroule par étapes successives, mais toutes sont dominées par les principes directeurs de notre procédure.

Chapitre 1
Les principes directeurs de la procédure

L'essentiel

Le déroulement du procès est guidé par des principes fondamentaux destinés à préserver son caractère « équitable » au sens de la Conv. EDH. En interne, le procès doit être loyal : chacun doit se faire connaître de son adversaire et lui livrer les arguments et pièces qu'il utilisera contre lui ; le juge lui-même doit observer et faire observer le caractère contradictoire des débats. Vis-à-vis des tiers, la justice doit être transparente, c'est-à-dire rendue publiquement ; des limites sont toutefois posées, notamment le secret de l'instruction.

Techniquement, chaque procédure accorde une part plus ou moins importante à l'oralité ou au contraire à l'écriture ; le formalisme de la procédure se manifeste dans le domaine des actes et des délais de procédure, appelant sanction de l'irrégularité des uns et de l'inobservation des autres. Chaque procédure arbitre à sa manière le rôle respectif des parties et du juge dans la conduite de l'instance.

Section 1 – Les principes fondamentaux

Principe : la procédure doit obéir à une exigence de dignité et de justice (notion de procès équitable garanti par la Conv. EDH : art. 6-1) :

- les droits des plaideurs doivent être garantis : publicité interne ;
- la justice doit être rendue au grand jour : publicité externe.

§ 1 – La loyauté interne du procès

Principes :

• nul ne peut être jugé sans avoir été entendu ou appelé (*audi alteram partem* : v. art. 14 C. pr. civ.) ;

• nul ne peut être jugé sans avoir connaissance de ce qu'on lui reproche ou de ce que l'on demande contre lui : principe dit du contradictoire ou de la contradiction des débats.

Absolument général, ce principe s'impose :

– au bénéfice de toute partie au procès, demandeur ou défendeur (d'où le caractère trop restrictif de l'expression « droits de la défense ») ;

– devant toute juridiction : publique, professionnelle (disciplinaire) ou privée (arbitrale).

I – Les obligations faites aux parties

A – Lors de l'introduction de l'instance

• Le demandeur doit révéler son identité à son adversaire : nul ne plaide par procureur, c'est-à-dire sous couvert d'un prête-nom.

• Le demandeur doit révéler au défendeur l'objet du procès et les raisons pour lesquelles il lui est intenté :
- au civil, le Code réglemente à peine de nullité le contenu des actes introductifs d'instance : objet de la demande, exposé des moyens, en fait et en droit, indication des pièces sur lesquelles la demande est fondée (art. 56 C. pr. civ.) ;
- au pénal, la citation énonce le fait poursuivi et vise le texte de loi qui le réprime (art. 551 C. pr. pén.) ;
- en matière administrative, la requête doit contenir l'exposé des faits et moyens et contenir les conclusions, nom et demeure des parties (art. R. 411-1 CJA) et être accompagnée des pièces (même Code, art. R. 412-1).

• Le demandeur doit, selon une exigence croissante de la législation, indiquer au défendeur :
- de quelle manière il doit comparaître devant la juridiction saisie ;
- qui peut l'assister ou le représenter ;
- ce qu'il risque en faisant défaut.

B – Durant l'instance

• Les parties doivent se faire connaître mutuellement en temps utile :
- les moyens de fait et de droit qu'elles invoquent (échange des conclusions ou mémoires) ;
- les éléments de preuves qu'elles produisent (communication des pièces).

Remarques :

1. Ce principe essentiel est souvent mal compris : le justiciable moyen préférerait par ruse surprendre l'adversaire au dernier moment. D'où des difficultés, particulièrement devant les juridictions d'exception, là où les plaideurs peuvent se défendre en personne. Aussi le juge doit-il veiller au respect du principe de la contradiction (*infra*, B).

2. Selon les usages du barreau, la communication des pièces doit être spontanée (leur restitution aussi !).

• Les notes en délibéré lorsqu'elles sont admises (sur l'hostilité du Code de procédure civile, v. art. 445) doivent de même être portées à la connaissance de l'adversaire.

II – Les obligations faites au juge

A – Faire observer le principe de la contradiction

1. Vis-à-vis des parties

• Le juge doit vérifier que l'acte introductif d'instance :

– a été délivré à temps : le défendeur doit avoir bénéficié d'un temps suffisant pour organiser sa défense, ce qui implique une vérification renforcée dans les procédures d'urgence (référé au civil ou, en matière pénale, flagrant délit ou comparution pour un placement en détention) ;

– a touché ou non le défendeur en personne, particulièrement s'il ne comparaît pas : selon le cas, le jugement sera « réputé contradictoire » (le défendeur au courant est présumé n'avoir pas voulu comparaître) ou au contraire rendu « par défaut » (le défendeur est excusé d'office, la preuve n'étant pas faite qu'il a été touché par la citation) : il disposera alors d'un recours particulier, en rétractation : l'opposition (*infra*).

• Le juge doit rejeter des débats les pièces et éléments non communiqués à l'adversaire.

2. Vis-à-vis des techniciens

Il peut arriver que certains experts oublient de remplir leur mission de manière contradictoire. Le juge doit refouler tout rapport qui ne satisferait pas cette exigence.

B – Observer lui-même le principe de la contradiction

Obligation posée par l'art. 16 du Code de procédure civile dont le texte a été rétabli par arrêt du Conseil d'État.

Conséquences : le juge ne peut :

• faire usage de connaissances ou d'investigations personnelles étrangères aux procédures légalement organisées (transport sur les lieux par ex.) ;

• asseoir sa décision au civil sur des moyens de pur droit relevés d'office sans avoir au préalable suscité les observations des parties sur ces moyens.

Limite : situation particulière du juge d'instruction :

• la tradition le faisait échapper au principe du contradictoire : juge inquisiteur, il réunissait des preuves que l'inculpé ne pouvait discuter qu'*a posteriori* ;

• le législateur est revenu sur cette tradition, mais n'a restauré qu'un contradictoire à éclipse, les droits du ministère public et du mis en examen n'étant pas identiques.

§ 2 – la clarté externe du procès

Principe : la justice doit être rendue de manière non clandestine, si l'on veut éviter des soupçons ou de fausses interprétations. Elle doit donc être publique : cf. art. 5 de la Déclaration des droits de l'homme et art. 6-1 de la Convention européenne de sauvegarde des mêmes droits.

Limite : la publicité ne doit pas toutefois favoriser le scandale, ni porter atteinte à certains droits fondamentaux : protection de la vie privée, présomption d'innocence (v. art. 6-1 précité).

I – Le principe de publicité de la justice

A – Publicité des débats

• Elle est la règle en matière civile (art. 22 C. pr. civ.).

• Elle est la règle en matière pénale, mais s'il y a audience (art. 306, 400, 512, 535 C. pr. pén.) ; tel n'est pas le cas notamment des procédures de médiation pénale ou de composition pénale. Dans la nouvelle procédure de comparution sur reconnaissance préalable de culpabilité, la loi du 9 mars 2004 prévoit simplement la lecture en audience publique de l'ordonnance du président homologuant la peine proposée par le procureur et acceptée par l'auteur de l'infraction ;

• Elle est également devenue la règle dans l'ordre administratif (art. L. 6 CJA).

B – Publicité des décisions de justice

À l'exception du contentieux fiscal, les jugements sont lus publiquement à l'audience (même dans les cas où exceptionnellement les débats se seraient tenus à huis clos).

Avantages :

• marquer que le jugement fait partie de l'ordre juridique ;

• marquer le moment du dessaisissement du juge (sur cette notion, v. p. 182).

II – Les limites au principe de publicité

A – Secret de l'instruction

Principe : l'instruction des dossiers répressifs tant devant le juge d'instruction que devant la chambre de l'instruction, est secrète (art. 11 C. pr. pén.).

Avantages :

• l'intérêt de la poursuite ;

• l'intérêt du suspect ;

• l'intérêt du public : éviter tous risques d'abus ou de scandale.

Limites :

• le secret de l'instruction est posé sans préjudice des droits de la défense. L'inculpé peut donc parler ;

• le secret ne pèse que sur les personnes qui concourent à la procédure : les témoins et la partie civile ne sont pas concernés. L'avocat lui-même ne concourt pas à l'instruction, mais il reste tenu par son statut propre au secret professionnel, sans préjudice de la nouvelle infraction de révélation d'informations issues d'une instruction en cours à un tiers que l'on sait susceptible d'être mis en cause (art. 434-7-2 C. pén.). En outre, des textes spécifiques restreignent la possibilité de remettre au client copies de pièces du dossier d'instruction tant que l'information est en cours ; la transmission aux tiers est interdite, sauf celle des rapports d'expertise pour les besoins de la défense (art. 114 s. C. pr. pén. ; loi du 30 déc. 1996).

B – Limites à la publicité des débats

1. En matière civile

L'audience peut se tenir en chambre du conseil :

• si la loi l'exige, pour éviter tout scandale ou préserver la tranquillité des personnes : divorce, contentieux de la filiation, contentieux de l'autorité parentale, audition du dirigeant d'une société en liquidation de biens menacé de faillite ou sanctions personnelles… ;

• si la loi le permet : le juge peut décider le renvoi en chambre du conseil s'il y a risque d'atteinte à l'intimité de la vie privée ou si toutes les parties le demandent ou s'il survient des désordres de nature à troubler la sérénité de la justice.

2. En matière pénale

L'audience peut se tenir à huis clos :

• si la loi l'ordonne : ex. poursuites contre un mineur ;

• si la loi le permet : le président peut ordonner le huis clos ou, aux assises, interdire l'accès de la salle aux mineurs, si la publicité paraît dangereuse pour l'ordre ou les mœurs ou, s'agissant de certaines infractions sexuelles, si la victime le requiert.

3. En matière administrative

• Certaines affaires sont traitées en chambre du conseil : ex. opposition à une ordonnance taxant les dépens (en ce cas les parties ne sont pas appelées, sauf si elles l'ont demandé) ;

• le contentieux fiscal des impôts personnels était traité en audience non publique (le contribuable étant ici convoqué), jusqu'à la loi de finances pour 1984.

Remarque : lorsque les débats se déroulent en audience publique, certains procédés de reproduction sont interdits pendant l'audience : enregistrement sonore ou visuel par magnétophone ou caméra par exemple. La loi du 11 juillet 1985 a cependant permis ces enregistrements lorsqu'ils présentent un intérêt pour la constitution d'archives historiques de la justice. La loi du 12 mai 2009 prévoit aussi, sous le contrôle du président, l'enregistrement sonore des débats de la cour d'assises ; laissé à la discrétion du président, cet enregistrement devient obligatoire avec la loi du 20 juin 2014 ; ce magistrat peut également ordonner l'enregistrement audiovisuel de l'audition ou de la déposition de la victime ou de la partie civile qui le réclame.

C – Limites à la publication des décisions de justice

• Les juges (même occasionnels : jurés d'assises) ne peuvent révéler la teneur du délibéré.

• La presse ne peut elle-même rendre compte en toute liberté des décisions de justice (v. art. 38 s. L. 29 juill. 1881) :

- interdiction de publier les actes d'une procédure criminelle ou correctionnelle avant leur lecture en audience publique ;
- interdiction de révéler l'identité de certains condamnés (mineurs) ou, sans leur consentement, de certaines victimes d'infractions sexuelles.

Section 2 – Les dominantes techniques

§ 1 – La part de l'oralité et de l'écriture

I – Les mérites comparés

A – L'oralité

Avantages :

• elle vivifie le débat : propos plus frappants, surtout si les parties sont présentes en personne et si le juge peut les interroger ;

• elle facilite la publicité de la justice : les tiers peuvent suivre l'audience. L'autorité morale de la décision sera plus grande ;

• elle simplifie la procédure : l'intervention des auxiliaires de justice est moins indispensable que lorsqu'il faut écrire.

Inconvénients :

• *verba volent* ;

• certains contentieux techniques sont rebelles à tout exposé oral : ex. liquidation de dommages-intérêts.

B – L'écriture

Avantages :

• la précision : les vérifications sont plus faciles ;

• la permanence : *scripta manent*.

Inconvénients :

• l'écriture incite au formalisme ;

• l'écriture pousse à l'intervention de spécialistes ;

• l'écriture contourne la collégialité. Celui qui a lu le dossier est privilégié, tandis que les autres « décrochent ».

II – Les solutions retenues

Principe : la pratique rééquilibre d'elle-même. Les deux procédés sont indispensables. Mais les dominantes sont différentes selon les contentieux.

A – Contentieux pénal

• L'instruction est surtout écrite (c'est le « dossier » accessible épisodiquement à l'avocat). Mais l'oralité est plus grande devant la chambre de l'instruction.

• L'audience est essentiellement orale : ainsi aux assises, les témoins sont reconvoqués et doivent, sans le secours de la moindre note, déposer comme au premier jour. À la clôture des débats, le dossier est déposé entre les mains du greffier. La cour et le jury n'en disposent pas pour délibérer, devant seulement « dans le silence et le recueillement » s'interroger sur leur impression (v. art. 353 C. pr. pén.).

B – Contentieux civil

• Il est oral par tradition.

• Mais des nuances s'imposent :
  - devant les juridictions d'exception, la procédure est orale ;
  - devant les tribunaux de grande instance et les cours d'appel, l'audience des plaidoiries est précédée d'une phase écrite impliquant échange de conclusions ;
  - devant la Cour de cassation, la procédure privilégie l'échange de mémoires écrits sur lesquels ne seront faites à l'audience que de courtes observations.

Remarque : en réalité, l'opposition oralité/écriture est assez factice : traditionnellement les avocats plaident à partir de notes écrites reprenant elles-mêmes les conclusions qui ont été rédigées et qui en grande instance ou en appel fixent le débat. Ces notes sont remises au tribunal pour son délibéré. Dans certaines affaires, l'audience se réduit à un simple « dépôt » sans plaidoirie réelle et le juge statue sur pièces. Il peut arriver toutefois que pour gagner du temps, en présence de conclusions adverses récentes dans des procédures dites « orales », il y soit directement répliqué, non par des conclusions, mais par les notes de plaidoirie. Une pratique nouvelle tend cependant à être imposée par les cours d'appel : remise d'un dossier sans notes, ne contenant que la copie des pièces dans l'ordre de leur numérotation telle qu'elle résulte du bordereau récapitulatif.

C – Contentieux administratif

Par tradition la procédure est écrite : les parties échangent des mémoires.

Elles n'ont pas l'obligation d'intervenir à l'audience ; si elles le font, ce n'est en principe que pour de courtes observations orales.

§ 2 – La part du formalisme

Remarque : mal vu, mais surtout mal compris par le profane, le formalisme procédural est inévitable. Son intensité tient toutefois moins aux formalités prescrites qu'à la sanction de leur inobservation.

Avantages :

• Le formalisme présente un avantage irréductible, mais purement technique : la clarté. Par hypothèse rigide, il interdit de biaiser : la mention est ou n'est pas portée ; le délai est ou n'est pas respecté. D'où sécurité et prévisibilité.

• Mis au service d'une fin supérieure, il peut être la meilleure protection des droits des plaideurs : ex. délai incompressible pour préparer sa défense, avertissement à peine de nullité que l'on dispose de tel recours… À preuve certaines procédures et juridictions d'exception s'affranchissant des garanties du droit commun.

Inconvénients :

• Une rançon : le danger de ritualisme : une décision parfaitement juste peut être cassée pour un vice de forme insignifiant. D'où la tentative de distinction, très délicate à mettre en œuvre, entre forme substantielle et forme non substantielle.

Les actes et les délais de procédure sont deux manifestations du formalisme dont le non-respect est sanctionné.

I – Les actes de procédure

Remarque : le terme acte désigne ici l'*instrumentum*, c'est-à-dire le support écrit de l'événement processuel.

A – Typologie

Pour l'essentiel, les actes de procédure émanent :

• du juge : jugement, ordonnance, arrêt… ;

• des auxiliaires de justice qui les rédigent (avocats) ou les signifient (huissiers) à la requête des parties : assignation, constitution, conclusions, signification…

B – Rédaction

Elle obéit à des règles précises :

• mentions obligatoires : la date (importante pour le point de départ des délais, la prescription, les dommages-intérêts moratoires…), la désignation de l'huissier, l'identification du requérant, la désignation du destinataire… ;

• nombre d'exemplaires : en principe :
– deux originaux (expéditeur et huissier) et une copie (destinataire) pour les actes judiciaires,
– un original (expéditeur) et une copie (destinataire) pour les actes du palais ou actes d'avocat à avocat. À noter toutefois la possibilité dorénavant d'une transmission électronique qui finira par éliminer la transmission papier.

C – Signification

Strictement réglementée, elle emprunte deux voies :

• la notification par le greffe via le service postal :

Avantages : voie réputée plus simple et moins onéreuse que la signification par huissier,

Inconvénients : les perturbations du service postal, les envois non retirés, les accusés de réception signés illisibles, ne permettant pas de savoir si le destinataire a ou non été touché ;

• la signification par voie d'huissier :
– à avocat ;
– à partie : l'huissier doit en principe signifier à personne, sinon à domicile ou résidence (depuis l'entrée en vigueur du décret du 28 décembre 2005, il ne peut plus signifier en mairie). Lorsque le destinataire demeure à l'étranger hors Union européenne, la signification est faite au parquet.

II – Les délais de procédure

A – Choix du délai

Principes :

• Les délais sont fixés par les textes législatifs ou réglementaires : ex. délai de constitution ou délai d'appel.

• Les délais sont normalement intangibles, mais le législateur peut prévoir un allongement : par ex. à raison de la distance (défendeur demeurant à l'étranger).

Limites : Le juge peut également fixer certains délais par ex. :

• dans les procédures d'urgence, lorsqu'il autorise à assigner à bref délai ou lorsqu'il vérifie que le défendeur ou le prévenu a pu disposer d'un temps suffisant pour l'organisation de sa défense ;

• lors de la mise en état du dossier, le juge fixe aux parties des délais pour l'échange de leurs pièces et le dépôt de leurs conclusions ou mémoires.

Objectifs :

• éviter la lenteur du procès (délai d'action) ;

• éviter des décisions précipitées (délai de réflexion).

B – Computation du délai

• Le calcul peut se faire :
– d'heure à l'heure : situation exceptionnelle ;
– de jour à jour : ex. 15 jours pour constituer avocat ;
– de mois à mois : ex. 1 mois pour faire appel, du 7 mars au 7 avril.

• Le jour à partir duquel le délai court (*dies a quo*) ne compte pas.

• Le dernier jour (*dies ad quem*) marque l'ultime temps de la formalité lorsque le délai est non franc ; en revanche, si le délai est franc, on peut encore accomplir la formalité le lendemain.

• Lorsque le délai expire un samedi, un dimanche ou un jour férié, le délai est prorogé jusqu'au jour ouvrable suivant.

III – Les sanctions du formalisme

A – Irrégularité des actes

1. Sort de l'acte

L'acte irrégulier est nul. Mais la nullité peut-elle être systématique ?

Plusieurs systèmes sont concevables :
– nullité textuelle (pas de nullité sans texte) ou nullité comminatoire (laissée à l'appréciation du juge) ;
– nullité automatique ou nullité subordonnée à l'existence d'un grief.

Aucun système n'est parfait ; dans un cas, risque de trop grande rigidité ; dans l'autre, introduction d'une part d'arbitraire.

Chaque procédure s'efforce donc de trouver un point d'équilibre :

• **Procédure civile** : le Code distingue les nullités de fond (par ex. défaut de pouvoir de la personne figurant au procès comme représentant d'une personne morale ou d'un incapable) et les nullités de forme (par ex. omission de la date d'audience pour laquelle l'assignation est délivrée) :
– les premières peuvent être prononcées sans texte et sans grief ;
– les secondes ne peuvent être prononcées que si un texte les prévoit (sauf violation d'une formalité substantielle ou d'ordre public) et à charge d'établir l'existence d'un grief (même en cas de violation d'une formalité substantielle ou d'ordre public). La nullité pour vice de forme peut être couverte par régularisation.

• **Procédure pénale** : elle oppose les nullités d'ordre public et les nullités d'intérêt privé :
– les premières qui ne nécessitent ni texte, ni grief, sont automatiques (par ex. nullité d'une information conduite par un juge d'instruction irrégulièrement désigné) ;
– les secondes qui peuvent être textuelles (par ex. violation des règles sur les perquisitions et saisies) ou non (nullités dites substantielles : par ex. violation des règles protectrices des droits du gardé à vue), ne sont encourues qu'à charge de démontrer le grief subi.

• **Procédure administrative** : on y retrouve la distinction des formalités substantielles et des formalités non substantielles :

– les premières doivent être respectées à peine de nullité automatique ;

– le non-respect des secondes ne provoque la nullité que s'il en résulte un grief. La régularisation est ici possible.

2. Conséquences de l'irrégularité pour l'auteur de l'acte

Celui-ci peut encourir :

• des sanctions disciplinaires ;

• la mise en jeu de sa responsabilité civile professionnelle (la nullité peut en effet être lourde de conséquences pour le plaideur concerné : ex. nullité d'un acte d'appel : lorsque celle-ci est découverte, il est généralement trop tard pour recommencer) ;

• à tout le moins, la prise en charge des frais de l'acte nul et de la procédure subséquente dont il provoque l'anéantissement.

B – Inobservation des délais

Elle a pour conséquence :

1. Pour le justiciable : impossibilité de se rattraper du fait de la forclusion

Exemple : l'intimé qui ne forme pas son appel incident dans les deux mois de la notification des conclusions de l'appelant ; il est trop tard : l'appel incident est irrecevable.

À noter cependant deux choses :

• la forclusion n'est pas toujours encourue : ex. le délai pour constituer avocat devant le tribunal de grande instance (15 jours) : il est encore possible de constituer avocat tant que la clôture des débats n'est pas prononcée (en pratique il est même possible d'obtenir parfois leur réouverture tant que le jugement n'est pas rendu) ;

• le législateur peut prévoir des relevés de forclusion :

– par des textes exceptionnels pour force majeure collective : guerres ou événements sociaux de grande ampleur (certaines grèves postales) ;

– par des dispositions permanentes abandonnant à la sagesse des juges le prononcé du relevé de forclusion : ex. art. 540 C. pr. civ., art. L. 622-26 C. com.

À noter aussi une autre sanction possible, la caducité, lorsque l'efficacité d'un acte est subordonnée à l'accomplissement d'une formalité subséquente dans un certain délai qui n'a pas été respecté (par ex. acte introductif d'instance devant le TGI non enrôlé dans les 4 mois ou, à compter du 1er janvier 2011, déclaration d'appel non suivie des conclusions de l'appelant dans les 3 mois…) : l'acte tombe et avec lui les actes subséquents. L'intéressé perd ses droits s'il n'est pas en situation de recommencer la procédure.

2. Pour l'auxiliaire de justice responsable de l'inobservation des délais

Des sanctions personnelles, disciplinaires ou civiles.

§ 3 – Le rôle respectif des parties et du juge

I – Les choix possibles

A – La procédure accusatoire

Principes :

• elle réserve aux parties un rôle prépondérant : maîtrise du procès (déclenchement, suspension ou arrêt) ; détermination de la matière à juger ; recherche des preuves ;

• le juge est passif : simple arbitre qui écoute pour trancher lorsque les parties se seront expliquées.

Justification : le procès est la chose des parties.

Conséquences : elles sont d'ordre technique :

• procédure souvent orale, publique et nécessairement contradictoire ;

• système de preuves légales excluant la liberté d'appréciation du juge.

Inconvénients : la lenteur du procès si l'une des parties résiste ; le juge est impuissant à vaincre son inertie.

B – La procédure inquisitoire

Principe : elle met en évidence le rôle actif du juge dans la conduite du procès et la recherche des preuves.

Justification : la justice est un service public que les personnes privées ne peuvent s'approprier et dont elles ne peuvent paralyser le cours.

Conséquences : elles sont d'ordre technique :

• procédure fréquemment écrite, secrète et même non contradictoire ;

• place importante réservée à l'intime conviction du juge.

Inconvénients : le risque du mépris des droits de la défense. L'histoire et le droit comparés révèlent qu'il s'agit de la procédure des régimes autoritaires.

II – Les compromis réalisés

A – Contentieux des intérêts privés

1. Prépondérance traditionnelle des parties

• Elles déterminent le cadre du litige en fixant à travers leurs écritures l'objet et la cause de la demande (l'assignation et les conclusions contiennent des motifs et un dispositif exactement comme le jugement dont elles voudraient être le projet). Le juge est tenu de « se prononcer sur tout ce qui est demandé et seulement sur ce qui est demandé » (principe dispositif et interdiction de statuer *ultra petita*) ;

• Elles maîtrisent l'instance :

– elles sont libres de l'introduire (monopole) ou de ne pas l'introduire (l'action est facultative et libre : v. p. 128) ;

– elles sont libres de la suspendre ou d'y mettre fin : expressément par conciliation, transaction ou désistement ; tacitement, par péremption.

2. Renforcement contemporain des attributions du juge

• **Au regard de l'introduction de l'instance :** sauf motif légitime lié à l'urgence ou à la matière, les parties sont invitées depuis le 1er avril 2015 à tenter de trouver une solution amiable à leur différend ; l'assignation doit préciser leurs efforts en ce sens sous peine de voir le juge leur proposer de les renvoyer devant un médiateur ou un conciliateur ;

• **Au regard de la conduite de l'instance :** affirmation des obligations procédurales des parties et du pouvoir pour le juge d'impartir les délais et d'ordonner les mesures nécessaires (art. 2 et 3 C. pr. civ.) :

Objectif : remédier à la lenteur du service public et vaincre la résistance de l'une des parties.

Exemples : devant les juridictions de droit commun, les prérogatives du juge ou du conseiller de la mise en état : calendrier de procédure, injonctions de conclure, puis ordonnance de clôture.

• **Au regard de la détermination de la matière à juger :** le juge peut désormais sortir de sa passivité et provoquer l'approfondissement du débat :

– en droit : possibilité de relever d'office les moyens de pur droit et obligation de relever d'office les moyens d'ordre public, sauf à respecter le principe du contradictoire ;

– en fait : possibilité de réclamer des explications complémentaires, d'ordonner d'office toute mesure d'instruction admissible ou de réclamer la production d'une preuve.

B – Contentieux des intérêts publics

1. Procès administratif

• Il est soumis au principe dispositif : le requérant trace le cadre du procès et peut s'en désister ;

• mais il est inquisitoire ; le juge administratif conduit l'instance et peut enjoindre à l'administration de produire tout document ou renseignement utile.

NB : le caractère inquisitoire de la procédure est moins voulu pour accélérer cette dernière que pour compenser l'inégalité foncière qui sépare le particulier de l'administration.

2. Procès pénal

• Il est indisponible : le ministère public ne peut arrêter l'action publique qu'il a mise en mouvement (*a fortiori* le retrait de plainte de la victime ne peut arrêter l'action publique : v. p. 88 et 134). De plus, le juge a la maîtrise de la qualification de l'infraction ;

• la procédure est inquisitoire durant la phase d'instruction : le juge pénal recherchant lui-même la vérité, à charge et à décharge (v. p. 41), selon une procédure essentiellement écrite et secrète ;

• la procédure devient accusatoire au stade du jugement (audience des plaidoiries). Mais le juge n'est pas en principe enfermé dans un système de preuves légales et statue selon son intime conviction.

Chapitre 2
Les principales étapes de l'instance

L'essentiel

L'instance se déroule schématiquement en trois temps : introduction par exploit d'ajournement ou requête au greffe ; mise en état plus ou moins longue et formelle selon que la procédure est orale ou écrite ; venue à l'audience.

Section 1 – L'introduction de l'instance

Remarques :

- L'introduction de l'instance incombe au demandeur. Celui-ci peut être prédéterminé :
  - au pénal : le ministère public ou la victime ;
  - en procédure administrative : l'administré puisque, d'une part, l'administration bénéficie du privilège de l'exécution d'office et que, d'autre part, sauf en matière de travaux publics, la juridiction administrative ne peut être saisie que par voie de recours formé contre une décision (règle de la décision préalable).
- L'introduction de l'instance vise à **établir une double liaison** :
  - la liaison demandeur-défendeur ;
  - la liaison parties-juge (via le greffe de la juridiction).

§ 1 – L'introduction par ajournement

Principe : le demandeur fait délivrer un exploit d'huissier (assignation ou citation) à son adversaire, lui indiquant l'objet du procès et l'invitant à comparaître tel jour ou dans tel délai devant la juridiction désignée.

NB : le juge n'est pas encore saisi du dossier. Il le sera ultérieurement par le placement de l'affaire au greffe du tribunal (mise au rôle).

I – Les modalités

Fixées très précisément par les textes : mentions obligatoires de l'exploit d'ajournement, délai de comparution, délai de mise au rôle…

II – Le domaine

A – En matière civile

Procédé utilisé devant :

- le tribunal de grande instance ;
- le tribunal de commerce ;

• le tribunal d'instance, réserve faite des petits litiges qui peuvent être introduits aussi par déclaration au greffe (v. p. 175) ;

• la formation de référé de ces mêmes juridictions.

B – En matière pénale

Mode habituel de mise en mouvement de l'action publique :

• citation dite « directe » délivrée par huissier au prévenu à la requête du ministère public ou de la partie civile, en l'absence d'instruction ;

• citation avec notification de l'ordonnance ou de l'arrêt de renvoi lorsqu'il y a eu instruction.

NB : possibilité d'un simple rendez-vous judiciaire (convocation par procès-verbal) dans certains cas.

§ 2 – L'introduction par demande au greffe

Principe : le demandeur s'adresse au greffe de la juridiction qui enregistre ses prétentions, les communique à son adversaire et lance les convocations devant le juge.

NB : schéma inverse du précédent : le dossier est constitué au greffe avant même que le défendeur soit averti du procès.

I – Les modalités

Également fixées très précisément par les textes : mode de saisine (requête écrite avec pièces ou simple déclaration verbale…), mode de convocation…

II – Le domaine

A – Procédure administrative

Le demandeur saisit le greffe du tribunal administratif ou du Conseil d'État d'une requête écrite, accompagnée des pièces justificatives et d'autant de copies qu'il a d'adversaires. Le greffe enregistre la demande et communique la requête au défendeur.

B – Procédure civile devant les juridictions d'exception

• Conseil de prud'hommes ;

• tribunal paritaire des baux ruraux ;

• tribunal des affaires de sécurité sociale.

Dans ces trois cas, possibilité d'une saisine de la juridiction par lettre recommandée avec accusé de réception ou même par présentation directe au greffe.

Le décret du 4 mars 1988 s'est inspiré de ce système pour autoriser par déclaration « faite, remise ou adressée » au greffe l'introduction devant le tribunal d'instance des petits litiges n'atteignant pas le taux d'appel ; selon le projet de loi sur la justice du 21e siècle, la déclaration sera irrecevable si elle n'est précédée d'une tentative de conciliation.

Section 2 – La mise en état du dossier

Objectif : permettre à chaque plaideur d'organiser, dans le respect du principe du contradictoire, la défense de ses intérêts. Cette mise en état est aussi appelée, devant les tribunaux administratifs et les tribunaux de grande instance, instruction, dans la mesure où l'échange des pièces et arguments influe sur la matière à juger : chacun affine son argumentation et étaye ses répliques par des pièces nouvelles. La vérité des faits peut donc être davantage approchée, ce qui évoque l'instruction pénale, laquelle a précisément pour objectif l'établissement de la vérité.

Remarque : caractère symbolique de la mise en état si le défendeur ne comparaît pas en personne ou selon les modalités prévues pour l'assistance ou la représentation en justice.

§ 1 – Les procédures orales

I – Devant les juridictions civiles

Il y prévaut l'oralité des débats (tribunal d'instance ; tribunal de commerce ; tribunal paritaire ; tribunal des affaires de sécurité sociale), la mise en état est assurée par le biais des remises successives que le juge accorde pour permettre la communication des pièces et l'échange des arguments (v. p. 163).

II – Devant les juridictions pénales

Les remises étant exceptionnelles, l'affaire est instruite directement à l'audience (interrogatoire du prévenu ; éventuelle audition des témoins…). Mais cette instruction à l'audience a pu être précédée d'une information dont le dossier est périodiquement tenu à la disposition des avocats des parties.

§ 2 – Les procédures écrites

I – La procédure administrative

• Le dossier est suivi par un membre du tribunal ou de la cour désigné comme rapporteur. Celui-ci fixe les délais pour produire mémoires, observations ou défenses ;

• si ces délais ne sont pas observés, le président peut adresser une mise en demeure et accorder, en cas de force majeure, un nouveau et dernier délai ;

• passé celui-ci, le demandeur ou le défendeur est réputé, selon le cas, s'être désisté ou avoir acquiescé (art. R. 612-5 et 612-6 CJA) ;

• lorsque les conclusions sont entachées d'une irrecevabilité susceptible d'être couverte, la juridiction doit inviter leur auteur à les régulariser dans un délai fixé, à défaut de quoi l'irrecevabilité ne pourra plus être couverte.

II - La procédure civile

• Devant les juridictions de droit commun, le dossier est normalement instruit sous le contrôle d'un magistrat : le **juge de la mise en état** (tribunaux de grande instance) ou le **conseiller de la mise en état** (cour d'appel).

Origine du juge de la mise en état :

– avant 1935, le procès civil était considéré comme « la chose des parties ». Le juge ne pouvait intervenir, alors que fréquemment le défendeur freinait l'échange des conclusions pour différer une décision défavorable ;

– apparition en 1935 d'un juge chargé de suivre la procédure. Mais celui-ci était dépourvu de moyens réellement efficaces ;

– apparition du juge de la mise en état en 1965, à titre expérimental tout d'abord, puis dans l'ensemble des ressorts.

Moyens du juge de la mise en état : les injonctions de conclure ou le calendrier de procédure, puis l'ordonnance de clôture qui interdit tout dépôt ultérieur de conclusions ou de pièces.

Inconvénient du système de la mise en état : le défendeur finit par conclure le dernier jour du délai, obligeant le demandeur à solliciter le rabat de l'ordonnance pour pouvoir répliquer. La Cour de cassation remédie à cet inconvénient en permettant d'écarter des conclusions signifiées à dessein la veille ou le dernier jour du délai.

• **À noter le formalisme des écritures** et spécialement celui des dernières conclusions qui doivent être récapitulatives (art. 753 et 954 C. pr. civ.).

Section 3 - La venue à l'audience

§ 1 - La date de l'audience

Principe : elle est fixée par l'exploit d'ajournement (assignation ou citation) ou la convocation lancée par le greffe. Mais il est rare, sauf en matière pénale, qu'une affaire vienne à la première audience, si le défendeur comparaît. Le juge fixe alors une nouvelle date pour permettre la communication des pièces et l'échange des conclusions (remise).

Cas particulier : devant le tribunal de grande instance, l'assignation ne fixe pas de date d'audience, mais demande au défendeur de constituer avocat dans les quinze jours. Après mise au rôle de l'affaire (dans un délai de quatre mois), celle-ci est appelée devant le président qui la renvoie à l'audience directement ou par le détour du juge de la mise en état.

§ 2 - Le déroulement de l'audience

I - Devant les juridictions civiles

• Après rapport oral du juge de la mise en état s'il y a lieu, le demandeur (ou son avocat) s'exprime en premier, puis le défendeur (ou son avocat). Les répliques sont possibles.

• Le ministère public, partie jointe s'il y a lieu, donne son sentiment le dernier.

• Les dossiers sont ensuite remis (notes de plaidoirie et pièces) au juge pour son délibéré.

II – Devant les juridictions pénales

• Après instruction orale du dossier par le président ou son délégataire, la parole est donnée selon un ordre immuable à la partie civile, puis au ministère public, puis à la défense. Les répliques sont possibles.

• Possibilité de remettre un dossier ou des pièces au tribunal pour son délibéré.

III – Devant les juridictions administratives

• Brèves observations des parties sur leurs mémoires écrits si elles le jugent utile.

• Puis conclusions du rapporteur public qui peuvent être suivies de brèves observations orales des parties ou même d'une note en délibéré.

• Pas de dossier à remettre au tribunal, puisque celui-ci le possède déjà (instruction écrite préalable).

À noter la possibilité de tenir outre-mer des audiences à l'aide de moyens de communication audiovisuelle (Ord. 8 juin 2005).

Titre 2
Le dénouement du procès

Le procès se dénoue avec la décision de justice. Mais celle-ci n'est pas forcément la décision rendue en première instance, puisqu'il faut compter avec les voies de recours. Par ailleurs, l'exécution de la décision importe concrètement plus encore que son obtention.

Chapitre 1
Le jugement

L'essentiel

Élaborée selon des règles précises, la décision de justice ne présente pas toujours les mêmes caractères : le jugement peut ainsi statuer au fond ou être seulement un avant-dire droit ; il peut être en premier ou en dernier ressort ; il peut être contradictoire, réputé contradictoire ou par défaut. S'il tranche le fond, il dessaisit le juge et est revêtu de l'autorité de la chose jugée. S'il n'est plus susceptible d'un recours suspensif ou s'il est assorti de l'exécution provisoire, il peut être exécuté avec l'aide de la force publique.

Critères : *v. p. 19.*

Terminologie :

- ***Ordonnance :*** *décision rendue par un juge unique, président de la juridiction ou certains juges spécialisés (ordonnances de référé, ordonnances sur requête, décisions du juge de la mise en état, décisions du juge aux affaires matrimoniales).*
- ***Jugement :*** *décision rendue par une juridiction de première instance.*
- ***Arrêt :*** *décision rendue par une cour (Cour de cassation, cour d'appel, cour d'assises, cour administrative d'appel), le Conseil d'État ou le Tribunal des conflits (quoique pour ces deux derniers, les textes parlent de « décisions »).*

Mais, au sens large, le terme jugement est pris comme synonyme de décision de justice.

Section 1 – L'élaboration du jugement

• **Le jugement peut être rendu sur le siège, c'est-à-dire immédiatement** (pratique fréquente au pénal pour les affaires simples) **ou après délibéré** (parfois plusieurs mois en matière civile ou administrative).

– Justification du délibéré : permettre au juge de vérifier les pièces, réfléchir aux arguments présentés ; si la juridiction est collégiale, assurer l'échange des points de vue.

– Modalités du délibéré : toujours secret. La décision est prise à la majorité (parfois qualifiée : ex. en cour d'assises).

• **Le jugement est composé de deux parties :**

– les motifs : « le tribunal, attendu que… » ou « la cour, considérant que… » ;

– le dispositif : « par ces motifs, décide… », « condamne ».

En principe, la motivation est obligatoire, mais elle peut être succincte (« attendu qu'il existe en la cause des circonstances atténuantes »).

Le jugement est écrit, mais prononcé oralement en audience publique (en pratique, lecture du seul dispositif).

Section 2 – Les classifications des jugements

§ 1 – La classification selon leur contenu

I – Le jugement sur le fond et le jugement avant-dire droit

A – Jugement sur le fond

Il tranche le litige. Le juge est dessaisi (v. p. 182). Également appelé, de manière équivoque, jugement définitif.

B – Le jugement avant-dire droit (ou avant-faire droit)

Il ne tranche pas encore le litige. Plusieurs variantes :

1. Le jugement provisoire

Par ex. octroi d'une pension alimentaire pour la durée de l'instance.

2. Le jugement préparatoire

Par ex. organisation d'une mesure d'instruction qui ne préjuge pas le fond : expertise pour rechercher les causes d'un sinistre.

3. Le jugement interlocutoire

Il préjuge le fond, sans toutefois lier le tribunal : par ex. organisation d'une enquête pour vérifier si tel grief est exact.

II – Le jugement ordinaire et le jugement d'expédient

A – Jugement ordinaire

Il tranche un véritable litige.

B – Jugement d'expédient (ou jugement convenu ou jugement d'accord)

Jugement tranchant, en matière civile, un procès simulé (permet d'obtenir un acte authentique sans intervention d'un notaire et d'éviter les actions en nullité).

§ 2 – La classification selon les recours ouverts

I – Le Jugement en premier ressort et le jugement en premier et dernier ressort

A – Jugement en premier ressort

Il est susceptible d'appel et représente le principe (règle du double degré de juridiction : v. p. 19).

B – Jugement en premier et dernier ressort

Il n'est pas susceptible d'appel et représente l'exception :

- petits litiges ;
- affaires relevant de la compétence directe du Conseil d'État.

II – Le jugement contradictoire et le jugement par défaut

A – Jugement contradictoire

Il ponctue un débat lui-même contradictoire, le défendeur ayant comparu. Selon le cas :

- appel, si ce jugement est également en premier ressort ;
- pourvoi en cassation, si ce jugement est en premier et dernier ressort.

B – Jugement par défaut

Il est rendu sur les seuls éléments fournis par le demandeur, son adversaire n'ayant pas comparu. Celui-ci dispose donc d'une voie de recours particulière : l'opposition (v. p. 188).

Inconvénients :

• allongement de la procédure : jugement par défaut, puis jugement sur opposition, puis appel ;

• les manœuvres dilatoires du défendeur, faisant volontairement défaut pour bénéficier de cet allongement.

Tempérament :

Le jugement **réputé contradictoire** insusceptible d'opposition :

• en matière civile et pénale, lorsque le défendeur a été personnellement touché par la citation ;

• en matière civile, même s'il n'a pas été assigné à personne, dès lors simplement que le litige est susceptible d'appel.

Section 3 – Les effets des jugements

§ 1 – Le dessaisissement du juge

Principe : sauf jeu des voies de recours dites de rétractation (v. p. 184), le juge ne peut modifier le jugement qu'il a rendu, ni *a fortiori* se rétracter (*lata sententia judex desinit esse judex*).

Ce principe concerne uniquement les jugements sur le fond (raison pour laquelle ils sont appelés « définitifs »).

Exceptions : possibilité de revenir devant le juge :

• en **interprétation** d'une décision obscure ;

• en réparation d'une **erreur matérielle** (ex. erreur de calcul dans l'addition des dommages-intérêts ou inversion de noms) ou d'une omission (litiges civils ou commerciaux).

§ 2 – L'autorité de la chose jugée

Principe : par souci de protection et de paix, le jugement rendu est réputé exprimer la vérité (*res judicata pro veritate habetur*).

Ce principe concerne uniquement les jugements sur le fond, dès leur prononcé.

Conséquences :

• positives : à l'occasion d'un procès nouveau, le juge peut tenir pour acquis ce qui a été précédemment jugé ;

• négatives : le procès déjà jugé ne peut être recommencé ; il se heurte à l'exception de chose jugée.

Variétés :

I – L'autorité relative

Elle est de règle en matière civile et implique la triple identité d'objet, de cause et de parties (art. 1351 et, au 1er octobre 2016, art. 1355 C. civ.).

Conséquences : les personnes non parties ou représentées au litige (tiers) ne peuvent nier l'existence du jugement qui les gêne (opposabilité du jugement), mais peuvent l'écarter par une voie de recours spéciale, de rétractation : la **tierce opposition** (v. p. 189).

II – L'autorité absolue

Elle prive les tiers de la possibilité de contester le jugement.

Domaine :

• contentieux pénal : la décision pénale rendue entre le prévenu et la société s'impose aux tiers absents aux débats : par ex. la victime ou le civilement responsable ;

• contentieux administratif : l'annulation d'un acte sur recours pour excès de pouvoir produit effet *erga omnes* et non pas au regard du seul requérant ;

• contentieux privé : par ex. jugement de divorce.

§ 3 – La force exécutoire du jugement

Principe : le jugement peut être exécuté à l'aide de la force publique.

Origine : l'*imperium* du juge qui est une autorité publique.

Conditions de la force exécutoire :

En règle générale, le jugement est exécutoire à partir du moment où il passe en force de chose jugée, c'est-à-dire lorsqu'il n'est plus susceptible de recours suspensif d'exécution : par ex. l'expiration du délai d'opposition ou d'appel lorsque ces recours ne sont pas exercés. Sur les préalables de l'exécution forcée, v. p. 191.

Exception : l'exécution peut être :

• **Anticipée :** décision assortie de l'exécution provisoire :
  – de plein droit (par ex. ordonnance de référé ou décision accordant une pension alimentaire) ;
  – ou sur décision expresse du juge.

• **Différée :** par ex. délai de grâce accordée par le juge (art. 510 C. pr. civ.).

Chapitre 2
Les voies de recours

L'essentiel

Au risque assumé d'allonger le procès, le droit positif prévoit des voies de recours pour garantir une meilleure justice. Les unes sont destinées à rectifier une erreur du juge qui ne saurait être infaillible ni en droit ni en fait : appel, pourvoi en cassation, réexamen d'une condamnation pénale censurée pour violation de la Conv. EDH par la Cour de Strasbourg. Les autres sont destinées à compenser une défaillance du débat : opposition d'un défaillant, tierce opposition d'une personne étrangère au premier débat, révision pour découverte a posteriori d'une fraude ou d'une erreur qui aurait été commise.

***Définition :** moyen de remettre en cause la décision rendue.*

***Justification :** garantie contre les risques d'erreur (de fait ou de droit) ou d'injustice (personne non entendue, débat tronqué par faux témoignage...).*

Difficultés :

***1) Le risque d'allongement du procès :** pour y remédier :*

- *existence de conditions de recevabilité, notamment d'intérêt : pas de recours si la décision attaquée ne fait aucun grief ;*
- *possibilité de sanctionner l'abus des voies de recours comme l'abus de l'action elle-même (v. p. 143).*

***2) Le sort de la décision attaquée :** faut-il ou non en suspendre l'exécution ? Réponses nécessairement nuancées :*

- *contre l'exécution immédiate : le risque d'injustice si le recours aboutit : détention injuste, difficulté de se faire rembourser les sommes versées à l'adversaire... ;*
- *pour l'exécution immédiate : la crainte de recours purement dilatoires, encombrant les juridictions.*

Classifications :

1) Voies ordinaires et voies extraordinaires :

- *Les premières sont toujours ouvertes sauf texte contraire ; elles sont généralement suspensives d'exécution.*
- *Les secondes n'existent que lorsqu'un texte les prévoit ; elles sont généralement non suspensives et demeurent subsidiaires par rapport aux précédentes.*

2) Voies de rétractation et voies de réformation :

- *Les premières consistent à faire revenir l'affaire devant le juge même qui a rendu la décision attaquée.*
- *Les secondes consistent à porter l'affaire devant une juridiction différente de celle qui a statué, de même degré (par ex. appel circulaire en vigueur sous la Révolution) ou supérieure (par ex. l'appel hiérarchique en vigueur actuellement).*

Section 1 – Les recours destinés à rectifier une erreur du juge

Principe : recours aménagés par la loi sans considération particulière d'une défaillance du débat de première instance, à seule fin de rectifier une éventuelle erreur commise par le juge. Ces recours sont portés par nécessité devant un juge différent de celui que l'on taxe d'erreur.

§ 1 – L'appel

I – Les caractéristiques

• Voie de **réformation** : l'appel est porté devant une cour d'appel (ordre judiciaire) ou devant une cour administrative d'appel ou le Conseil d'État (ordre administratif).

• Voie de recours **ordinaire** : l'appel est toujours possible sauf texte contraire (affaires jugées en premier et dernier ressort : v. p. 181).

• Voies de recours **réservées aux parties** au litige.

II – Les formes et délais

• Selon le cas, par déclaration au greffe de la juridiction d'appel (appel contre les jugements des tribunaux administratifs ou les décisions rendues en matière civile) ou de la juridiction dont le jugement est attaqué (appel des jugements répressifs). Les déclarations sont faites exclusivement par voie électronique depuis le 1er janvier 2011 (procédures avec représentation d'avoué ou dorénavant d'avocat obligatoire).

• Représentation obligatoire en principe par un avocat (cour d'appel sauf contentieux pénal ou social, cour administrative d'appel) ou un avocat aux conseils (Conseil d'État).

• Point de départ et durée du délai variables selon le cas :
– en matière pénale : en principe 10 jours à compter du prononcé du jugement ;
– en matière civile : en principe 1 mois à compter de la signification du jugement ;
– en matière administrative : en principe 2 mois à compter de la notification du jugement.

III – Les effets

• **Dévolutif :** l'affaire, dans la limite de l'appel (*tantum devolutum quam appellatum*), est soumise à la juridiction d'appel pour qu'il soit à nouveau jugé en fait et en droit.

• **Suspensif :**

– il est le principe en matière civile et pénale ; mais au civil, l'effet suspensif était perdu lorsque l'appelant tardait à conclure (Décr. 20 juill. 1989) ; les choses sont encore plus nettes aujourd'hui : l'appelant qui ne conclut pas dans les 3 mois de la déclaration d'appel voit son appel atteint de caducité !

– il est par contre exclu en matière administrative, d'où l'institution de la procédure parallèle du sursis à exécution.

§ 2 – Le pourvoi ou le recours en cassation

I – Les caractéristiques

A – Communes à l'ordre judiciaire et à l'ordre administratif

• Recours porté au sommet de la pyramide juridictionnelle : Cour de cassation ou Conseil d'État.

• Recours possible uniquement contre les décisions rendues en dernier ressort.

• Recours réservé aux parties à la procédure.

B – Spécifiques à chaque ordre

1. Ordre judiciaire

Le pourvoi en cassation est une voie de recours :

• extraordinaire ;

• originale, puisqu'il n'est ni une voie de rétractation, ni une voie de réformation : la Cour de cassation ne juge que le droit et non le fait ; sauf cas particulier, elle ne substitue donc pas à la décision sur le fond rendue par les juges inférieurs une décision sur le fond nouvelle.

2. Ordre administratif

Le recours en cassation est une voie de recours :

• ordinaire ;

• se rapprochant des voies de réformation, s'agissant particulièrement du recours contre les décisions des juridictions administratives non composées de juges professionnels.

II – Les formes et délais

• Selon le cas, déclaration au greffe de la juridiction de cassation (Cour de cassation ou Conseil d'État) ou au greffe de la juridiction dont la décision est attaquée (ex. pourvoi contre les décisions pénales).

• Ministère obligatoire d'un avocat au Conseil d'État et à la Cour de cassation, sauf dispenses légales (ex. affaires pénales ou contentieux électoral).

• Point de départ et durée du délai variables :
– en matière pénale : dans les 5 jours du prononcé de la décision ;
– en matière civile ou administrative : dans les 2 mois de la notification ou de la signification.

III – Les effets

• En matière **civile** ou **administrative**, recours non suspensif, sauf exception : ex. en matière de divorce, puisque l'exécution risquerait d'être irréversible.

• En matière **pénale** : recours suspensif en principe, compte tenu de la gravité de l'enjeu du procès.

Remarque : le pourvoi dans l'intérêt de la loi :

Définition : recours visant à obtenir la censure de principe d'une décision juridictionnelle entachée d'illégalité, mais devenue irrévocable. La cassation a une portée uniquement théorique, sans incidence sur les parties au litige, à l'intention seulement d'éviter pour l'avenir un précédent fâcheux.

Applications :

• le pourvoi dans l'intérêt de la loi formé par le procureur général de la Cour de cassation sur ordre du garde des Sceaux ou d'office en matière pénale ou civile ;

• le recours dans l'intérêt de la loi formé par un ministre en matière administrative.

§ 3 – Le réexamen d'une décision pénale après arrêt de la Cour européenne des droits de l'homme

La loi du 15 juin 2000 a institué, à la requête du ministre de la Justice, du procureur général près la Cour de cassation, du condamné ou de ses ayants droit, un **réexamen** des condamnations pénales définitives lorsqu'il résulte d'un arrêt de la **Cour européenne des droits de l'homme** que la condamnation est intervenue en violation de la Convention ou de ses protocoles additionnels et que, par sa nature et sa gravité, la violation constatée entraîne pour le condamné des conséquences dommageables auxquelles la satisfaction équitable allouée sur le fondement de l'article 41 de la convention ne peut mettre un terme. La matière vient d'être réformée par la loi du 20 juin 2014 (art. 622-1 s. C. pr. pén.).

• La demande doit être formée dans l'année de la décision de la CEDH.

• Elle relève de la cour de révision et de réexamen (v. p. 57)

• La commission d'instruction de cette cour se prononce sur la recevabilité de la demande.

Si elle l'estime recevable, le dossier est transmis à la formation de jugement de la cour de révision et de réexamen qui, selon que de nouveaux débats contradictoires sont ou non possibles, peut annuler la décision rendue et renvoyer à une juridiction de même ordre et degré que celle qui a rendu la décision litigieuse ou alors tranche directement le fond.

NB : le projet de loi sur la justice du 21e siècle, actuellement débattu au Parlement, envisage de permettre de façon similaire le réexamen d'une décision civile définitive rendue en matière d'état des personnes, lorsqu'il résulte d'un arrêt rendu par la Cour européenne des droits de l'homme que cette décision a été prononcée en violation de la Convention ou de ses protocoles additionnels.

Section 2 – Les recours destinés à compenser une défaillance du débat

Principes : recours ouverts en considération d'une lacune ou d'une anomalie du débat de première instance ayant occulté une partie de la vérité. La saisine d'une juridiction différente de celle qui a statué ne s'impose plus nécessairement, le juge n'étant pas taxé d'une erreur personnelle, mais considéré comme victime d'une présentation fallacieuse ou incomplète des faits.

§ 1 – L'opposition

I – Les caractéristiques

• Voie de rétractation : l'affaire revient devant le juge qui a statué.

• Voie ordinaire dans l'ordre judiciaire, mais d'application limitée dans l'ordre administratif, du fait de sa suppression devant les tribunaux administratifs.

• Voie de recours réservée uniquement à la partie défaillante : l'opposition rétablit le débat contradictoire.

Remarque : la régression de l'opposition :

• exclue chaque fois que le défaillant a eu personnellement connaissance du litige : le jugement est alors réputé contradictoire (v. p. 182) ;

• exclue également, lorsque la possibilité de faire appel suffit à garantir les droits du défaillant (affaires civiles et administratives).

II – Les formes et délais

• En matière civile, selon les règles de saisine propres à la juridiction concernée et dans le délai d'un mois à compter de la signification du jugement, sauf relevé de forclusion.

• En matière pénale, par signification au ministère public dans les 10 jours de la signification du jugement avec possibilité d'un relevé de forclusion.

• Devant le Conseil d'État ou les cours administratives d'appel, par requête déposée au secrétariat-greffe dans les deux mois de la notification.

III – Les effets

• En matière pénale, l'opposition met par elle-même la première condamnation à néant.

• En matière civile, l'opposition suspend l'exécution du jugement, lequel n'est anéanti que par le jugement qui le rétracte.

• En matière administrative, l'opposition n'est pas suspensive.

NB : la contumace : L'opposition n'existant pas en matière criminelle, l'accusé absent était jugé sans pouvoir bénéficier de l'assistance d'un défenseur, ni des circonstances atténuantes. Mais s'il se présentait volontairement après sa condamnation ou s'il était arrêté, la condamnation était automatiquement anéantie (purge de la contumace) et l'accusé rejugé selon la procédure ordinaire. Jugée contraire à la Conv. EDH en 2001, cette procédure est maintenant abrogée par la loi du 9 mars 2004. La nouvelle procédure permet à la cour de statuer par défaut, sans l'assistance des jurés ; si un avocat se présente, il est entendu. Si l'accusé se constitue ou est arrêté avant la prescription de la peine, comme par le passé l'arrêt est automatiquement non avenu et l'accusé est rejugé selon la procédure ordinaire.

§ 2 - La tierce opposition

I - Les caractéristiques

• Voie de recours réservée aux tiers, ni parties ni représentés à la procédure initiale.

• Voie de recours extraordinaire, admise en procédure civile ainsi qu'en procédure administrative. En matière pénale, elle n'est admise qu'au profit du fonds de garantie automobile et des organismes sociaux pour les seuls intérêts civils.

II - Les formes et délais

• Distinction en procédure civile de la tierce opposition principale et de la tierce opposition incidente :

– la première est formée à titre autonome selon les règles propres à la juridiction dont la décision est attaquée (voie de rétractation) ;

– la seconde se greffe sur un procès auquel le tiers est partie : elle est portée devant la juridiction saisie de ce procès, selon les formes des demandes incidentes, si cette juridiction est d'un degré égal ou supérieur à celle dont le jugement est frappé de tierce opposition (voie de réformation).

• En matière administrative, la tierce opposition est une voie de rétractation.

• Délai trentenaire en principe, sauf si un texte a prévu la notification de la décision aux tiers (deux mois seulement en ce cas).

III - Les effets

• Par elle-même, la tierce opposition ne suspend pas l'exécution du jugement sauf exception ;

• Si la tierce opposition est admise, la décision n'est rétractée ou réformée que dans le seul intérêt du tiers opposant : sous réserve des règles propres au contentieux administratif, la tierce opposition laisse subsister le jugement entre les parties et à l'égard des autres tiers.

§ 3 - Le recours ou le pourvoi en révision

I - Le recours en révision en matière civile et administrative

• Voie de recours extraordinaire.

• Voie de rétractation.

• Recours ouvert pour causes limitatives ayant tronqué le débat initial : fraude de l'une des parties, pièce décisive retenue abusivement par l'adversaire, décision rendue sur attestations ou témoignages ultérieurement déclarés faux en justice.

Remarque : le recours en révision a succédé dans le nouveau Code de procédure civile à la requête civile.

• Délai de deux mois à compter de la connaissance de la cause de révision (contentieux civil) ou de la notification de la décision au demandeur en révision (contentieux administratif).

II – Le pourvoi en révision en matière pénale

A – Finalité

Voie de recours originale destinée à pourchasser sans délai l'erreur judiciaire en matière de crimes ou délits. Elle relevait exclusivement de la chambre criminelle de la Cour de cassation jusqu'à la loi du 20 juin 2014 qui vient de la réorganiser en créant la cour de révision et de réexamen (art. 622 s. C. pr. pén.).

B – Conditions

Aux cas d'ouverture limitatifs prévus initialement pour éviter tout abus de la demande en révision, est substituée depuis 1989 la survenance d'un fait nouveau ou la découverte d'un élément inconnu de la juridiction au jour du procès de nature à établir l'innocence du condamné ou même seulement à faire naître un doute sur sa culpabilité.

C – Mise en œuvre

• Par le ministre de la Justice, le procureur général ou le condamné ou en cas de décès ou d'absence déclarée de celui-ci, son conjoint, partenaire ou concubin, ses parents ou légataires.

• Via la cour de révision et réexamen composée de 18 magistrats de la Cour de cassation représentant les 6 chambres ; le président de la chambre criminelle en fait nécessairement partie puisqu'il la préside.

D – Procédure

La révision n'est pas en matière pénale une voie de rétractation : la demande est tranchée exclusivement par la cour de révision et réexamen. Composée de 5 membres, la commission d'instruction vérifie la recevabilité de la demande qui est, en ce cas, transmise à la formation de jugement composée des 13 autres membres. Selon le cas, cette formation peut :

• rejeter la demande ;

• annuler la condamnation prononcée et renvoyer l'affaire devant une juridiction de même ordre et de même degré, mais autre que celle dont émane la décision annulée ;

• annuler la décision rendue et statuer elle-même si de nouveaux débats sont impossibles (par exemple en raison du décès du condamné).

E – Conséquences

La constatation de l'innocence du condamné peut s'accompagner d'une allocation de dommages-intérêts à charge de l'État, sauf le recours de celui-ci contre la partie civile, le dénonciateur ou le faux témoin responsable de l'erreur judiciaire.

Chapitre 3
L'exécution

L'essentiel

L'exécution forcée des jugements civils est à la discrétion de la partie qui y a intérêt ; elle s'obtient, au vu de la grosse du jugement, par des mesures sur le patrimoine telles que les saisies mobilières ou immobilières. L'exécution des décisions pénales est à la diligence du parquet ; on relève une judiciarisation évidente du régime d'exécution des peines privatives de liberté avec le juge et le tribunal de l'application des peines. Enfin, l'exécution des décisions des juridictions administratives contre les personnes publiques, longtemps entravée par l'interdiction des saisies ou des injonctions, s'obtient depuis 1980 mieux qu'autrefois, notamment par le biais des astreintes ou du mandatement d'office.

Section 1 – L'exécution des jugements civils

Remarques :

- L'exécution se fait à la requête de la partie la plus diligente.
- L'exécution peut être spontanée ou forcée.
- Un Code des procédures civiles d'exécution est entré en vigueur le 1er juin 2012.

§ 1 – Les préalables de l'exécution forcée

I – Le cas général

La partie qui entend exécuter doit :

• Se faire délivrer par le greffe une expédition du jugement revêtue de la formule exécutoire (en langage judiciaire, lever la grosse).

Exceptionnellement, dans les cas d'urgence, l'exécution peut être ordonnée sur présentation de la minute même de la décision (exécution sur minute).

• S'il n'y a pas eu notification à l'adversaire par le greffe, signifier cette grosse par voie d'huissier.

NB : les notifications et significations, soumises à un formalisme strict, impliquent de porter à la connaissance de l'adversaire :

- non seulement la décision elle-même,
- mais aussi le recours dont il dispose, la manière de l'exercer et les sanctions encourues en cas de recours abusif.

• À l'expiration des délais de recours suspensifs (opposition ou appel), s'ils n'ont pas été interjetés, se faire délivrer par le greffe un certificat de non-recours (par ex. certificat de non-appel).

II – Les cas particuliers

• **Les sentences arbitrales** ne peuvent être exécutées directement, l'arbitre, simple personne privée, ne pouvant commander la force publique. D'où la nécessité d'une procédure d'*exequatur*, de la compétence du tribunal de grande instance.

• **Les décisions étrangères** ne peuvent davantage être directement exécutées, le juge étranger ne pouvant non plus commander la force publique française. L'*exequatur* devra donc être préalablement demandé au tribunal de grande instance (une procédure simplifiée devant le président de ce tribunal a été prévue par la Convention de Bruxelles du 27 septembre 1968 pour les décisions des États membres de la Communauté européenne ; mais depuis le 10 janvier 2015, date d'entrée en vigueur du règlement Bruxelles 1 refondu, l'*exequatur* n'a plus à être demandé au sein de l'Union européenne).

§ 2 – Les moyens de l'exécution forcée

I – Les principes directeurs

A – Contrainte civile et non pas pénale

Il n'y a pas infraction à ne pas exécuter un jugement. Si le juge prévoit une astreinte en argent par jour de retard, celle-ci n'est qu'une pénalité civile profitant au créancier et non à l'État.

B – Contrainte patrimoniale et non pas personnelle

La prison pour dette n'existe plus en matière civile. Le créancier a pour seule ressource la saisie des biens du débiteur, en vue de leur mise en vente et de la répartition du prix.

II – Les modalités

• En droit commercial : exécution collective (procédures dites de redressement ou de liquidation judiciaire).

• En droit civil : exécution individuelle (« l'argent est le prix de la course »). Mais l'exécution collective gagne du terrain : extension du redressement ou de la liquidation judiciaire aux agriculteurs, aux professionnels indépendants et aux personnes morales de droit privé non commerçantes ; institution d'un redressement judiciaire des particuliers en situation de surendettement.

A – Saisies

1. Saisies mobilières

Elles ont été réorganisées par la loi du 9 juillet 1991 entrée en application le 1er janvier 1993 et dorénavant reprise par le Code des procédures civiles d'exécution.

• **En préalable à l'exécution**, la loi favorise diverses mesures qui la faciliteront :
– recherche d'informations : le parquet est tenu de relayer l'huissier en cas de recherches infructueuses du débiteur, de ses comptes ou de son employeur ;

– mesures conservatoires : saisies conservatoires et sûretés judiciaires ;

– mesures d'immobilisation : saisie du coffre-fort ; immobilisation physique du véhicule.

• **L'exécution** elle-même empruntera des voies diverses :

– saisie-attribution : le créancier appréhende la créance pécuniaire de son débiteur (débiteur saisi) à l'encontre d'un tiers (tiers saisi, par ex. la banque qui tient le compte du débiteur) ;

– saisie des rémunérations : le créancier se fait régler au moyen de prélèvements opérés par l'employeur sur le salaire du débiteur ;

– saisie-vente : le créancier fait vendre aux enchères le mobilier du débiteur (celui-ci peut proposer la vente amiable pour éviter l'adjudication).

2. Saisies immobilières

Procédure longue et coûteuse du fait des nombreux intérêts concernés : par ex. créanciers hypothécaires ou privilégiés inscrits sur l'immeuble.

Réformée à effet du 1er janvier 2007 par ordonnance du 21 avril 2006 et décret du 27 juillet 2006 : elle est de la compétence du juge de l'exécution.

La réforme s'efforce de favoriser la vente amiable plutôt que l'adjudication.

B – Procédures de distribution

• Elles visent à répartir le produit de la vente des biens saisis s'il y a pluralité de créanciers.

• Elles sont placées sous contrôle du juge de l'exécution.

• Les textes prévoient différentes procédures :

1. Pour les immeubles saisis

Procédure de distribution prévue de manière amiable ou judiciaire par les art. R 331-1 s. du Code des procédures civiles d'exécution ; on l'appelait jadis *ordre* du fait que le prix est réparti selon l'ordre d'inscription des privilèges et hypothèques.

2. Pour les autres biens

L'ancien Code de procédure civile connaissait la procédure de distribution par contribution pour toute autre hypothèse que celle de la répartition du prix d'un immeuble hypothéqué. Elle tirait son nom du sacrifice consenti au marc le franc par les créanciers chirographaires qui contribuaient ainsi à la perte dans une proportion identique. La loi du 9 juillet 1991 a abrogé cette procédure remplacée désormais par la distribution des deniers (art. R 251-1 s. C. pr. exéc., à ne pas confondre avec les art. 1281-1 à 12 C. pr. civ. réglementant la distribution des deniers en dehors de toute procédure d'exécution).

Section 2 – L'exécution des décisions pénales

§ 1 – Sur les intérêts civils

• Elle se fait à la diligence de la victime.

• Le droit pénal peut cependant faciliter les choses, lorsque l'indemnisation de la victime est posée comme condition du sursis probatoire ou d'une dispense de peine.

§ 2 – Sur les intérêts publics

• Elle se fait à la diligence exclusive du parquet qui, selon le cas, doit assurer l'élargissement du détenu ou l'incarcération du condamné.

• Les peines pécuniaires sont recouvrées par le fisc, l'État bénéficiant de deux garanties :

– la solidarité entre coauteurs ou complices, atténuée cependant depuis la loi du 11 juillet 1975 ;

– la contrainte par corps, dorénavant appelée contrainte judiciaire, seule forme subsistante de la prison pour dette (garantissant les amendes pénales, fiscales et les mesures de confiscation).

À noter, pour favoriser le paiement rapide et effectif des amendes correctionnelles ou de police et du droit fixe de procédure, l'institution d'un rabais de 20 % (avec plafond de 1 500 €) en cas de paiement dans le mois du prononcé de la décision (art. 707-2 C. pr. pén.).

• Les peines privatives de liberté sont exécutées dans le cadre des établissements pénitentiaires, la loi du 24 novembre 2009 ayant insisté sur les idées d'aménagement et d'individualisation de la peine privative de liberté en vue de favoriser la réinsertion du détenu et la prévention de la récidive. L'évolution se fait vers une judiciarisation progressive de l'exécution de la peine :

– institution en 1958 du juge de l'application des peines ;

– apparition avec la loi du 15 juin 2000 d'un débat contradictoire et d'une possibilité d'appel des décisions de ce juge ;

– création par la même loi de juridictions régionales de la libération conditionnelle, auprès des cours d'appel, et dont les décisions pouvaient être déférées à la juridiction nationale de la libération conditionnelle établie auprès de la Cour de cassation. La loi du 9 mars 2004 remplace ces juridictions régionales par le tribunal de l'application des peines ; elle institue par ailleurs au sein des cours d'appels une chambre de l'application des peines (art. 712-1 s. C. pr. pén.) ;

– afin d'éviter trop de décisions incomprises du corps social, la loi du 10 août 2011 avait prévu ici aussi, comme en correctionnelle, l'institution de citoyens assesseurs à raison de 2 citoyens au côté des 3 magistrats professionnels ; l'expérimentation de la formule n'a pas survécu au précédent quinquennat.

Section 3 – L'exécution des décisions des juridictions administratives

§ 1 – Contre les particuliers

La formule exécutoire renvoie aux voies de droit commun (saisies par huissier).

§ 2 – Contre la personne publique

I – Les prérogatives de l'administration

A – Interdiction des saisies

L'administration bénéficie d'une immunité :

- les biens publics ne peuvent être affectés à un particulier ;
- l'État ne peut se contraindre lui-même.

B – Interdiction des injonctions

Le juge administratif ne peut traditionnellement s'immiscer dans l'administration active ni se substituer à elle. La formule exécutoire renvoie au ministre le soin de pourvoir à l'exécution.

L'administration peut toutefois demander au juge administratif de l'éclairer sur les modalités d'exécution de la décision rendue (art. R. 921-1 et 931-1 CJA).

II – Les correctifs apportés en faveur des particuliers

A – Garanties traditionnelles du justiciable

- Possibilité d'attaquer le refus d'exécution en excès de pouvoir.
- Possibilité de mettre en jeu la responsabilité pécuniaire de l'administration pour refus d'exécution.

B – Garanties nouvelles

S'apercevant de l'insuffisance des garanties traditionnelles, les pouvoirs publics ont mis en place :

1. Des moyens incitatifs

- Intervention de la section du rapport et des études du Conseil d'État (art. R. 123-5 CJA).
- Intervention du médiateur (L. 24 déc. 1976).

2. Des moyens coercitifs

L. 16 juill. 1980 ; art. L. 911-1 s. CJA.

• Le tribunal administratif ou la cour administrative d'appel peut désormais, sur demande préventive de la partie intéressée ou sur nouvelle saisine en cas d'inexécution :

– prescrire la mesure d'exécution nécessitée par sa décision ;

– en fixer le délai d'exécution ;

– assortir l'injonction prescrite d'une astreinte qu'il liquidera ensuite.

• Il peut aussi en cas d'inexécution renvoyer la demande d'exécution au Conseil d'État lequel dispose toujours du pouvoir de prononcer, même d'office, une astreinte en cas d'inexécution d'une décision d'une juridiction administrative.

• En outre, au cas particulier de condamnation d'une personne publique au paiement d'une somme d'argent dont le montant est fixé par la décision elle-même :

– obligation pour l'administration d'exécuter dans les deux mois de la notification ;

– si la personne publique condamnée est un établissement public ou une collectivité locale, possibilité de s'adresser à l'autorité de tutelle qui procédera au mandatement d'office ;

– en cas de condamnation de l'État lui-même, possibilité de s'adresser au comptable assignataire de la dépense qui devra procéder au paiement ;

– responsabilité personnelle des agents publics, auteurs du refus d'exécution devant la Cour de discipline budgétaire et financière.

Pour aller plus loin

Bibliographie

• H. Croze, *Le procès civil*, coll. « Connaissance du droit », Dalloz, 2e éd., 2004.

• J. Viguier, *Le contentieux administratif*, coll. « Connaissance du droit », Dalloz, 2e éd., 2005.

• S. Daël et A. Courrèges, *Contentieux administratif*, coll. « Thémis droit », PUF, 4e éd., 2013.

• J. Larguier, *La procédure pénale*, coll. « Que sais-je ? », PUF, 2007.

Index alphabétique

D

E

M

N

O

P

Q – R

S

T

U – V

Dans la même collection

Série droit privé

- *Criminologie et science pénitentiaire*, J. Larguier
- *Droit des assurances*, H. Groutel
- *Droit bancaire*, F. Dekeuwer-Défossez, S. Moreil
- *Droit civil général*, P. Bihr
- *Droit civil. Les biens*, P. Courbe, M. Latina
- *Droit civil. Les contrats spéciaux*, B. Bourdelois
- *Droit civil. Les obligations*, G. Légier, L. Tranchant, V. Égéa
- *Droit civil. Les personnes, la famille, les incapacités*, P. Courbe, F. Jault-Seseke
- *Droit civil. Sûretés, publicité foncière*, V. Brémond, M.-N. Jobard-Bachellier
- *Droit commercial. Notions générales*, J.-P. Le Gall, C. Ruellan
- *Droit du commerce international*, H. Kenfack
- *Droit de la construction*, C. Saint-Alary-Houin, R. Saint-Alary
- *Droit des entreprises en difficulté*, P.-M. Le Corre
- *Droit fiscal des entreprises commerciales*, J.-P. Le Gall
- *Droit international privé*, J. Derruppé, J.-P. Laborde, S. Sana-Chaillé de Néré
- *Droit pénal des affaires*, G. Giudicelli-Delage
- *Droit pénal général*, J. Larguier, P. Conte, P. Maistre du Chambon
- *Droit pénal spécial*, J. Larguier, P. Conte, S. Fournier
- *Droit de la propriété industrielle*, L. Marino
- *Droit rural*, J. Audier
- *Droit de la sécurité sociale*, X. Prétot
- *Droit des sociétés*, A. Constantin
- *Droit du travail. Volume I. Rapports collectifs*, J.-M. Verdier, A. Cœuret, M.-A. Souriac
- *Droit du travail. Volume II. Rapports individuels*, J.-M. Verdier, A. Cœuret, M.-A. Souriac
- *Grands systèmes de droit étrangers*, M. Fromont
- *Institutions juridictionnelles*, J.-J. Taisne
- *Introduction générale au droit*, P. Courbe, J.-S. Bergé
- *Procédure civile. Droit judiciaire privé*, J. Larguier, P. Conte, C. Blanchard
- *Procédure pénale*, J. Larguier, P. Conte
- *Propriété littéraire et artistique*, P. Sirinelli

Série droit public – Science politique

- *Contentieux administratif*, G. Peiser
- *Droit administratif des biens*, G. Peiser
- *Droit administratif général*, G. Peiser
- *Droit des collectivités territoriales*, V. Donier
- *Droit constitutionnel et institutions politiques*, J. P. Jacqué
- *Droit des contrats publics*, F. Lichère
- *Droit de l'environnement*, P. Planhet
- *Droit européen*, J.-C. Gautron
- *Droit fiscal*, C. de Lauzainghein, M.-H. Stauble-de Lauzainghein, X. Cabannes

- *Droit de la fonction publique*, G. Peiser
- *Droit international public*, D. Ruzié, G. Teboul
- *Droit public*, L. Dubouis, G. Peiser
- *Droit public économique*, D. Linotte, A. Graboy-Grobesco
- *Droit de la santé publique*, D. Truchet
- *Droit de l'Union européenne*, L. Coutron
- *Droit de l'urbanisme*, J. Morand-Deviller
- *Finances locales*, R. Muzellec, M. Conan
- *Finances publiques*, J. Buisson
- *Histoire du droit*, J. Hilaire
- *Histoire des idées politiques de l'Antiquité à la fin du* XVIII*e siècle*, D. G. Lavroff
- *Histoire des idées politiques depuis le* XIX*e siècle*, D. G. Lavroff
- *Histoire des institutions publiques de la France*, P. Villard, L.-A. Barrière
- *Institutions internationales*, J. Charpentier, B. Sierpinski
- *Introduction à la science politique*, J. Baudouin
- *Libertés fondamentales*, F. Mélin-Soucramanien
- *Relations internationales*, M. Gounelle, M.-P. Lanfranchi

Photocomposition :
NORD COMPO
multimédia

716171 (I) OSB - A 60g - NC - EDO
Achevé d'imprimer en août 2016
N° 2425800Z - Dépôt légal : août 2016
Imprimé en France par Jouve
1 rue du Docteur Sauvé, 53100 MAYENNE